Las recetas de Maru

LOS LIBROS DE UTILÍSIMA

Las recetas de Maru

Dulces y saladas

MARU BOTANA

EDITORIAL ATLANTIDA
BUENOS AIRES • MEXICO

Edición:
Isabel Toyos
Coordinación general:
Aurora Giribaldi
Supervisión:
Alicia Rovegno
Producción fotográfica:
Graciela Boldarin
Fotografías:
Alfredo Willimburgh
Ilustraciones:
Horacio Gatto
Supervisión de arte:
Claudia Bertucelli
Diseño de interior:
Natalia Marano
Diseño de tapa:
Patricia Lamberti
Producción industrial:
Fernando Diz
Composición:
Gabriel Castro
Preimpresión:
Erco S.R.L.

Agradecemos a: *Bazar La Luna,* Tacuarí 601; *Class,* Avda. Santa Fe 1293; *Charme,* Avda. Cabildo 1968; *Drugstore Bazar, La Compañía y Crystal Gallery (en Buenos Aires Design),* Avda. Pueyrredón 2501; *Escenográfico Stores,* Arenales 1415; *La Ferme,* Arenales 1257; *L'Interdit,* Arenales 1412.

Título original: Las recetas de Maru. Autor: Maru Botana
Copyright © Editorial Atlántida y Sandler Publicidad S.A., 1999.
Derechos reservados para México: Grupo Editorial Atlántida Argentina de México S.A. de C.V.
Derechos reservados para los restantes países de habla hispana: Editorial Atlántida S.A.
Cuarta edición publicada por EDITORIAL ATLANTIDA S.A.,
Azopardo 579, Buenos Aires, Argentina.
Hecho el depósito que marca la Ley 11.723.
Libro de edición argentina. Impreso en España. Printed in Spain.
Esta edición se terminó de imprimir en el mes de septiembre de 2001
en los talleres gráficos I.G. Mármol S.L., Barcelona, España.
Tirada de la presente edición: 3.000 ejemplares

I.S.B.N. 950-08-2126-5

*Dedico este libro a Bernie, mi marido, que desde el día
en que me conoció me acompañó y colaboró
para que yo siguiera creciendo, y también a nuestro futuro bebé,
fruto de este gran amor.*

AGRADECIMIENTOS

A papá y a mamá, que permanentemente están a mi lado y son dos seres excepcionales que me alientan día a día.

A Euge, que me ayudó muchísimo a escribir las recetas y siempre me entendió.

A todo mi equipo de Magic Cakes: Ju, Luisi, Aldo, Manuel, Anita, Nella y Lily, que estuvieron pendientes de que todo saliera bárbaro.

A mis abuelitos Papi y Mami, que están orgullosos de mí y yo de ellos.

A Maggie, mi sobri y ahijada, que siempre me ayuda con todo su amor y hoy está presente en una receta.

A mis hermanos, cuñadas y sobrinos, por deleitarse con mi cocina.

A Ernesto Sandler, por su confianza.

A Alicia Rovegno, por impulsar estos emprendimientos.

A Aurora Giribaldi, por estar en los detalles.

A Graciela Boldarin, Alfredo Willimburgh y Juli Forte, por su dedicación en las fotos.

A todos, todos ustedes, porque los siento muy cerca de mí.

¡HOLA, AMIGOS!

¿Cómo están? Yo, muy contenta con mi segundo libro; ¡casi no lo puedo creer! Me siento feliz de entrar nuevamente en sus casas por este medio. Y les he preparado una gran sorpresa: la incorporación de muchas delicias saladas.

Me propuse hacer cosas riquísimas, originales, sorprendentes y muy prácticas: una vez que las coloquen en el horno... ¡se acabó la elaboración! Y en cuanto las saquen, estarán listas para saborear.

Les cuento que al poco tiempo de empezar a escribir el libro me enteré de que estaba esperando un bebé. Toda la emoción de ese momento, la alegría de llevar dentro la energía de una vida y de sentir otro corazón en mi interior son motivos más que suficientes para volcar en el papel palabras llenas de amor, y para mí no hay mejor forma de hacerles llegar ese amor que a través de una receta de cocina.

Así como me gratifica enormemente que me saluden por la calle y me hablen de *Todo dulce*, el programa de Utilísima Satelital que tanto quiero, también me encanta que me hagan comentarios sobre el libro o me pidan que les firme un ejemplar.

Me gusta compartir cosas lindas con todos los que me rodean, y siento que tanto la televisión como estas páginas son una posibilidad de dar lo mejor de mí. Eso me hace hiperfeliz.

Este libro está lleno de secretitos: no me guardé ni uno, así que seguramente no van a tener problemas y todo les va a quedar buenísimo.

No es fácil encontrar recetas que salgan del horno impecables para servir sin más trabajo; por eso, aprovechen. Sé que hoy en día vivimos con el tiempo justo y muchas veces nos da fiaca cocinar. Bueno, aquí tienen la solución.

Espero que disfruten mucho de este libro, que tengan éxito con todas las preparaciones y que me cuenten cómo les fue con las novedades saladas.

Con todo mi amor

Alfajores, masitas y brownies

Colaciones

2 docenas

INGREDIENTES

4 yemas
2 huevos
1 cucharada de aguardiente
 de cerezas
300 gramos de harina
Dulce de leche

GLASÉ
1 clara
Azúcar impalpable
Agua hirviendo

▶ Batir las yemas y los huevos como para hacer un sabayón.
▶ Incorporar el aguardiente y la harina, formando una masa.
▶ Estirarla dejándola fina. Cortar tapitas ovaladas.
▶ Apoyarlas sobre una placa y pincharlas con un tenedor.
▶ Cocinarlas en el horno, a temperatura moderada, hasta que se sequen y se arqueen. Retirarlas y dejarlas enfriar.
▶ Llenar las cavidades con dulce de leche.
▶ Para hacer el glasé, batir la clara a nieve. Incorporarle la cantidad de azúcar impalpable que absorba y el agua hirviendo necesaria para darle la consistencia adecuada.
▶ Bañar las colaciones y dejar secar.

SECRETITOS
▼ Salen igualitas a las colaciones del Norte. ¡No lo van a poder creer!
▼ Envueltas individualmente en papel celofán, resultan un perfecto obsequio casero, distinto y bien personal.

Alfajorcitos manía

2 y ½ docenas

INGREDIENTES

300 gramos de manteca
150 gramos de azúcar
4 huevos
1 cucharadita de esencia de vainilla
1 cucharadita de polvo para hornear

500 gramos de harina
Dulce de leche
Azúcar impalpable para espolvorear
(opcional)

- Batir la manteca con el azúcar hasta obtener una crema.
- Agregar los huevos de a uno.
- Perfumar con la esencia de vainilla.
- Incorporar el polvo para hornear y la harina.
- Unir todo sin amasar.
- Llevar a la heladera durante 2 horas para que la masa quede compacta y firme.
- Retirarla y estirarla, dejándola bien fina. Cortar medallones con un cortapastas enharinado. Distribuirlos en placas.
- Llevar al horno precalentado, moderado. Cocinar de 10 a 12 minutos.
- Retirar y dejar enfriar.
- Unir las tapitas de a dos con dulce de leche.
- Si se desea, cubrir los alfajorcitos con azúcar impalpable.

SECRETITOS
▼ Aunque no haya que amasar, es importante que la manteca se integre bien a la masa.
▼ No es necesario enmantecar las placas.
▼ Una buena idea es guardar las tapitas en latas cerradas, para armar los alfajorcitos en el momento que se desee. ¡Así estarán bien frescos!

Alfajores de miel

1 y ½ docena

INGREDIENTES

150 gramos de almendras
150 gramos de azúcar impalpable
250 gramos de harina
100 gramos de manteca
50 gramos de miel

2 huevos
2 yemas
Ralladura de limón
Dulce de frutas

- Procesar las almendras con el azúcar impalpable.
- Mezclarlas con la harina tamizada.
- Hacer una crema con la manteca y la miel.
- Incorporar los huevos, las yemas y la ralladura de limón.
- Unir con los ingredientes secos.
- Trabajar la masa con la mano.
- Estirarla con el palote, dejándola lo más finita posible.
- Cortar medallones con cortapastas. Acomodarlos en una placa.
- Cocinarlos en el horno, a temperatura moderada, hasta que estén secos. Retirarlos y dejarlos enfriar.
- Rellenarlos con dulce de frambuesas o algún otro bien consistente.

SECRETITO

▼ Quedan riquísimos, muy pero muy crocantes. También se pueden rellenar con dulce de leche.

Arbolitos de Navidad

2 docenas

INGREDIENTES

1 y 3/4 taza de harina 0000
3/4 de taza de almendras procesadas
1/2 taza de azúcar
1/4 de cucharadita de polvo
   para hornear
1/4 de cucharadita de sal

1 cucharadita de ralladura de limón
3/4 de taza de manteca en cubos
1 huevo grande
Esencia de vainilla
3/4 de taza de mermelada
   de frambuesas

- Mezclar la harina con las almendras.
- Agregar el azúcar, el polvo para hornear, la sal y la ralladura de limón.
- Añadir la manteca e integrarla.
- En un tazón mezclar el huevo con la esencia.
- Unir con la mezcla anterior para formar una masa.
- Estirarla y cortar los arbolitos con cortapastas.
- Acomodarlos en una placa.
- Hornearlos hasta que estén secos y doraditos.
- Unirlos de a dos, rellenándolos con la mermelada.

SECRETITOS

▼ Estos arbolitos de masa de Linz son una delicia y quedan muy lindos nevados con azúcar impalpable.
▼ Pueden envasarlos en un lindo frasco, para regalar, o colgarlos del arbolito verdadero con un hilo dorado.

Trencitas de especias

3 docenas

INGREDIENTES

3 tazas de harina
1 cucharadita de polvo para hornear
1 cucharadita de canela
½ cucharadita de cardamomo
½ cucharadita de jengibre
½ taza de azúcar negra
½ taza de melaza de maíz
½ taza de crema de leche
125 gramos de manteca derretida
PARA ESPOLVOREAR
¼ de taza de azúcar impalpable
½ cucharadita de canela

- Tamizar la harina con el polvo para hornear y las especias.
- Incorporar el resto de los ingredientes, mezclando bien hasta formar una masa.
- Dejarla reposar en la heladera durante 30 minutos.
- Dividir la masa en pequeñas cantidades. Formar choricitos de 1 cm de diámetro y 6 cm de largo aproximadamente. Entrelazarlos para obtener las trencitas.
- Colocarlas en una placa enmantecada.
- Hornearlas hasta que se doren.
- Espolvorearlas con el azúcar impalpable mezclada con la canela.

SECRETITO
▼ Estas masitas navideñas tienen bien marcado el gusto tradicional de la repostería europea. A mí me parecen geniales, pero si a ustedes no les gusta el jengibre o el cardamomo, pueden suprimirlos o reemplazarlos por otras especias.

Brownies

20 unidades

INGREDIENTES

180 gramos de chocolate
1 taza de manteca
2/3 de taza de harina 0000
1/4 de taza de cacao semiamargo
4 huevos grandes

1/2 taza de azúcar
2 cucharaditas de esencia de vainilla
1/2 taza de nueces tostadas
    y procesadas

- Trozar el chocolate y ponerlo en un jarrito junto con la manteca.
- Derretirlo a baño de María. Dejarlo entibiar.
- Cernir la harina y el cacao.
- Batir los huevos con el azúcar hasta que tomen color claro.
- Agregar la mezcla de chocolate y aromatizar con la esencia.
- Incorporar los ingredientes secos y las nueces.
- Extender la preparación sobre una placa de 20 por 26 cm, enmantecada y enharinada.
- Llevar al horno precalentado, de moderado a fuerte. Cocinar de 15 a 20 minutos.
- Retirar y dejar enfriar antes de cortar en cuadrados.

SECRETITOS

▼ No se pasen de punto con el batido, para que la preparación no quede excesivamente aireada.
▼ Vigilen que el horno haya alcanzado la temperatura indicada antes de comenzar la cocción, porque si está frío se malogra la textura de la masa.
▼ ¡Pruébenlos con helado de canela!

Brownies a los dos chocolates

40 unidades

INGREDIENTES

1 taza de manteca
240 gramos de chocolate semiamargo
90 gramos de chocolate amargo
½ taza de harina 0000
1 y ½ cucharadita de polvo
   para hornear

½ cucharadita de sal
3 huevos grandes
1 taza + 2 cucharadas de azúcar
3 y ¼ cucharaditas de café instantáneo
1 cucharada de esencia de vainilla
180 gramos de nueces tostadas

▶ Derretir la manteca y los dos chocolates a baño de María, a fuego bajo, hasta lograr una textura suave. Dejar enfriar 10 minutos.
▶ Cernir la harina con el polvo para hornear y la sal.
▶ Batir los huevos con el azúcar, el café y la esencia de vainilla. Agregar la mezcla derretida e incorporar los ingredientes secos. Por último, añadir las nueces.
▶ Extender la preparación en una placa de 40 por 24 cm y 6 cm de alto, enmantecada y enharinada.
▶ Cocinar en el horno precalentado durante 30 minutos. Retirar, dejar enfriar y cortar.

SECRETITOS
▼ Siempre que una receta diga "horno precalentado", acuérdense de encenderlo antes de empezar la elaboración.
▼ También conviene enmantecar y enharinar los moldes al comienzo.

Brownies de Grandma

2 docenas

INGREDIENTES

120 gramos de chocolate semiamargo
90 gramos de chocolate con leche
1/2 taza de manteca
1/4 de taza de Nutella

1/2 taza de harina
1/2 cucharadita de polvo para hornear
1/2 taza de azúcar
2 huevos grandes
190 gramos de avellanas tostadas

- Trozar los chocolates y ponerlos en un recipiente junto con la manteca y la Nutella.
- Derretir todo a baño de María. Dejar entibiar.
- Añadir a la mezcla derretida la harina y el polvo para hornear.
- Agregar el azúcar e incorporar los huevos, batiendo bien.
- Integrar las avellanas, enteras o en trozos grandes.
- Extender la preparación en una placa de 20 por 30 cm.
- Cocinar en el horno, a temperatura moderada, durante 40 minutos.
- Retirar, dejar enfriar y cortar en cuadrados.

SECRETITOS

▼ Quedan súper cremosos y con una estupenda armonía de sabores.

▼ La Nutella es una crema de chocolate y avellanas que se vende en los buenos supermercados. Les juro que la van a conseguir... y si no, ¡mátenme por carta! (quiero decir, escríbanme y les diré dónde la compro habitualmente).

Cuadrados de coco y frambuesas

4 docenas

INGREDIENTES

15 galletitas de Graham
½ taza de manteca
1 y ½ taza de harina
1 taza de azúcar
400 gramos de mermelada
 de frambuesas
2 huevos

CUBIERTA
½ taza de manteca
1 taza de azúcar
4 tazas de coco rallado
2 huevos

- Procesar las galletitas. Mezclarlas con la manteca, la harina y el azúcar.
- Unir con los huevos para formar una masa.
- Ponerla bien estirada en una placa de 30 por 40 cm, enmantecada y enharinada.
- Extender la mermelada por encima.
- Preparar la cubierta integrando la manteca con el azúcar, el coco y los huevos.
- Colocar esta preparación sobre la mermelada.
- Llevar al horno precalentado, moderado. Cocinar durante 20 minutos, hasta que se dore.
- Retirar y dejar enfriar antes de cortar.

SECRETITO
▼ La combinación de galletitas integrales con mermelada de frambuesas y coco rallado es realmente deliciosa.

Diamonds de nueces

4 docenas

Ingredientes

1 taza de manteca blanda
1/2 taza de azúcar rubia
2 tazas de harina

CUBIERTA
1/2 taza de manteca
1/2 taza de melaza de maíz
1/2 taza de azúcar rubia
1/3 de taza de crema de leche
1 huevo grande
3 tazas de nueces tostadas y picadas

▶ Batir la manteca con el azúcar rubia hasta lograr una consistencia cremosa. Agregar la harina en dos veces y terminar de unir la masa con los dedos.
▶ Estirarla y colocarla masa en una placa de 30 por 40 cm.
▶ Hornear durante 20 minutos, hasta que esté firme. Dejar enfriar.
▶ Mientras tanto, preparar la cubierta. Derretir la manteca en una sartén e incorporar la melaza de maíz, el azúcar rubia y la crema. Llevar a hervor, revolviendo continuamente. Retirar del fuego y agregar el huevo, batiendo.
▶ Esparcir las nueces sobre la masa y cubrirlas con la mezcla anterior.
▶ Volver al horno durante 25 minutos aproximadamente, hasta que la cubierta haga globitos. Dejar enfriar y cortar en rombos.

SECRETITO
▼ Son un clásico de la pastelería inglesa.

Masitas de limón

2 docenas

INGREDIENTES

100 gramos de harina común
150 gramos de harina de maíz fina
175 gramos de manteca
1 huevo
1 yema
100 gramos de azúcar
Ralladura de 2 limones
1 cucharadita de polvo para hornear

- Mezclar perfectamente las dos harinas en un bol.
- Añadir la manteca casi fundida, el huevo, la yema, el azúcar, la ralladura de limón y el polvo para hornear.
- Unir todos los ingredientes y trabajar con las manos hasta conseguir una masa bien ligada.
- Taparla y dejarla reposar en la heladera durante 1/2 hora.
- Espolvorear la masa con harina y estirarla con el palote hasta obtener una lámina de unos 4 mm de espesor.
- Cortar masitas con un cortapastas redondo. Colocarlas en una placa enmantecada.
- Cocinarlas en el horno caliente durante 15 minutos.

SECRETITOS

▼ Son ideales para que las hagan los chicos cuando están en casa y se quejan de que se aburren. Yo sé que a ellos les gusta mucho meter las manos en la masa, y además con esta creación se van sentir orgullosos cuando conviden a sus amiguitos.

▼ Al rallar los limones acuérdense de usar sólo la cáscara amarilla, no la parte blanca, porque ésta da sabor amargo.

Lemon wafers

3 docenas

INGREDIENTES

125 gramos de manteca
125 gramos de azúcar
1 yema
Ralladura de 1 limón
½ taza de leche
125 gramos de harina

60 gramos de mermelada
de damascos para pincelar
GLASÉ
70 gramos de azúcar impalpable
2 cucharaditas de jugo de limón

- Ablandar la manteca y trabajarla con el azúcar.
- Añadir la yema, la ralladura de limón y la leche.
- Por último incorporar la harina de a poco.
- Colocar la preparación en una manga y formar masitas pequeñas sobre placas.
- Hornear hasta que se doren los bordes.
- Retirar y pincelar las masitas con la mermelada reducida.
- Luego bañarlas con un glasé hecho con el azúcar impalpable y el jugo de limón.

SECRETITOS

▼ Aprovechen a practicar el manejo de la manga con esta receta, y no se preocupen si las masitas no les salen del todo perfectas, porque igual les van a encantar a todos (familia y visitas).
▼ Si a pesar de lo que les digo no quieren usar la manga, háganlas simplemente por cucharaditas.
▼ Son riquísimas para comerlas como *petits fours*, con el café.

Little lemon cakes

1 y ½ docena

INGREDIENTES

1 huevo
1 pizca de sal
85 gramos de azúcar
Ralladura de ½ limón
70 gramos de harina con 1 pizca de levadura fresca

40 cc de crema de leche
25 gramos de manteca derretida y fría
GLASÉ DE LIMÓN
70 gramos de azúcar impalpable
Jugo de ⅓ de limón

▶ Poner en un bol el huevo, la sal, el azúcar y la ralladura de limón. Batir a punto letra.
▶ Agregar la crema y la harina con levadura y mezclar. Añadir la manteca.
▶ Cubrir con film y dejar descansar 30 minutos.
▶ Distribuir en moldecitos para tarteletas de 3 o 4 cm de diámetro, llenándolos hasta las ¾ partes.
▶ Llevar al horno precalentado, entre moderado y fuerte. Cocinar durante 10 minutos.
▶ Desmoldar y bañar con el glasé, que se hace mezclando el azúcar impalpable con el jugo de limón.
▶ Volver al horno 15 segundos más y dejar secar.

SECRETITO

▼ Como su nombre lo indica, son *little cakes* (en inglés, pequeñas tortas). Esto equivale a decir *petits fours* (en francés, pequeños hornos). En definitiva: masitas pequeñas... ¡una delicia!

Florentinos de manzana

½ docena

INGREDIENTES

1 y ½ taza de manteca blanda
¾ de taza de azúcar
1 huevo grande
3 y ⅔ tazas de harina 0000
2 cucharaditas de esencia
de vainilla
CREMA DE ALMENDRAS
90 gramos de manteca blanda
¾ de taza de azúcar impalpable
⅔ de taza + 3 cucharadas
de almendras tostadas
y procesadas a polvo
1 huevo grande
4 cucharaditas de ron

PREPARACIÓN DE MANZANAS
1 kilo de manzanas
¼ de taza de azúcar
1 cucharada de canela
1 cucharadita de esencia
de vainilla
MEZCLA DE CLARAS
1 y ½ taza de almendras
3 claras
¾ de taza de azúcar
SALSA DE CARAMELO
⅔ de taza de azúcar
½ taza de crema de leche
1 cucharada de manteca

▶ Batir la manteca con el azúcar. Incorporar el huevo y la esencia. Agregar la harina, formando una masa.
▶ Estirarla y colocarla sobre una placa. Cortar círculos utilizando aros de metal de 10 cm de diámetro. Quitar la masa que quede entre ellos, sin retirar los aros.
▶ Enfriar durante 30 minutos en la heladera.
▶ Preparar la crema de almendras combinando la manteca con el azúcar impalpable y el polvo de almendras. Añadir el huevo batido y el ron, integrando bien todo.
▶ Pelar las manzanas y cortarlas en cubos. Cocinarlas con el azúcar, la canela y la vainilla.
▶ Para la mezcla de claras, procesar las almendras y unirlas con las claras y el azúcar.
▶ Armar los florentinos colocando sobre los discos de masa (dentro de los aros) la crema de almendras, luego la preparación de manzanas y por último una cucharada de la mezcla de claras.
▶ Cocinar en el estante central del horno de 40 a 50 minutos, hasta que se doren.
▶ Retirar del horno y sacar los aros con cuidado.
▶ Servir los florentinos con helado y salsa de caramelo.
▶ Para hacer la salsa, colocar el azúcar en una sartén. Llevar sobre fuego

moderado y revolver suavemente con un tenedor hasta que se forme un caramelo de color rubio.
◗ Incorporar de a poco la crema de leche, sin dejar de revolver hasta que el caramelo se disuelva por completo.
◗ Agregar la manteca y continuar revolviendo hasta que se integre.

SECRETITO
▼ Pueden usar los aros que venden las casas de artículos para repostería, pero también latitas petisas, como las de atún o morrones (desfondadas y muy bien lavadas, por supuesto).

Masitas Maggie de dulce de batata
4 docenas

INGREDIENTES

500 gramos de harina 0000
500 gramos de queso fresco
500 gramos de manteca
500 gramos de dulce de batata

◗ Hacer una masa uniendo la harina con el queso fresco y la manteca.
◗ Dejarla descansar durante 1 hora en la heladera.
◗ Estirarla y cortar tiras, cuadraditos o rombos.
◗ Rellenar con pedacitos de dulce de batata en el centro y cerrar uniendo dos de las puntas. Acomodar las masitas en una placa.
◗ Llevar al horno precalentado, entre moderado y fuerte. Cocinar de 15 a 20 minutos o un poco más, hasta que se doren.

SECRETITOS
▼ Estas masitas me las dedica mi sobrina Maggie, que no podía estar ausente en mi segundo libro.
▼ Si quieren variar, rellenen algunas con dulce de batata y otras con dulce de membrillo.

Masitas de canela y miel

4 docenas

INGREDIENTES

500 gramos de miel
125 gramos de manteca
1 cucharadita de canela
½ cucharadita de clavo de olor
Ralladura de 1 limón
1 cucharadita de bicarbonato
  de sodio
650 gramos de harina

▶ Derretir la miel con la manteca.
▶ Mezclar la canela con el clavo de olor, la ralladura de limón y el bicarbonato. Unir con la preparación anterior.
▶ Añadir la harina tamizada e integrar todo, formando una masa.
▶ Estirarla y cortar las masitas con cortapastas de distintas formas. Disponerlas en placas enmantecadas y enharinadas.
▶ Llevar al horno precalentado, moderado. Cocinar durante 15 minutos aproximadamente, hasta que comiencen a dorarse.
▶ Dejar enfriar y levantar cuidadosamente con una espátula de metal.

SECRETITOS

▼ La gran cantidad de miel que tienen les da una consistencia especial y un gustito inconfundible, que se complementa muy bien con el aroma de la canela y el clavo de olor.
▼ ¿Sabían que el color de la miel depende de la flor de la que proviene? ¿Y que las mieles argentinas figuran entre las mejores del mundo y se exportan a países donde son muy apreciadas?

Cookies y galletitas

Lemon & orange cookies

2 docenas

INGREDIENTES

180 gramos de manteca
1/2 taza de azúcar impalpable
1/2 taza de azúcar común
1 huevo
Ralladura de 1 naranja y 1 limón
1 cucharadita de esencia de vainilla
2 tazas de harina

- Retirar la manteca de la heladera con anticipación para que tome temperatura ambiente
- Batirla junto con las dos clases de azúcar durante unos minutos.
- Agregar el huevo e integrarlo.
- Aromatizar con las ralladuras de naranja y limón y la esencia de vainilla.
- Por último, incorporar la harina.
- Formar un cilindro con la masa.
- Cortar rodajitas y apoyarlas sobre una placa.
- Llevar al horno precalentado, moderado. Cocinar más o menos 15 minutos.

SECRETITOS

▼ Si la masa está muy blanda, déjenla un rato en la heladera para que no se deforme el cilindro y al cortarlo salgan rodajas bien redonditas.

▼ Estas *cookies* empiezan a tentarnos desde el momento en que se escapa del horno la apetitosa combinación de perfumes cítricos.

▼ Usen siempre esencia de vainilla natural, que es la que otorga el auténtico aroma y el buen sabor que merecen las preparaciones caseras.

Cookies con chips de chocolate
2 docenas

INGREDIENTES

1 taza abundante de manteca
1 taza de azúcar rubia
2 huevos
Esencia de vainilla
2 tazas de harina
1 cucharadita de polvo para hornear
1 cucharadita de bicarbonato
 de sodio
1 cucharadita de canela
360 gramos de chips de chocolate

▶ Batir la manteca con el azúcar rubia.
▶ Agregar los huevos de a uno, integrándolos bien.
▶ Perfumar con la esencia de vainilla.
▶ Incorporar la harina junto con el polvo para hornear, el bicarbonato, la canela y los *chips* de chocolate.
▶ Formar las *cookies* tomando cucharadas de la mezcla y colocándolas en una placa, separadas entre sí.
▶ Cocinarlas 10 minutos en el horno precalentado, fuerte.

SECRETITOS
▼ Son ideales para guardarlas y tenerlas como reserva para que los chicos las coman con la leche.
▼ Recuerden que el chocolate aporta mucha energía y es bueno incorporarlo en una receta casera a la dieta de los que están creciendo.

Cookies con chocolate y pasas

2 docenas

INGREDIENTES

1 taza de harina 0000
1/2 cucharadita de bicarbonato
   de sodio
1 pizca de sal
1/2 taza + 2 cucharadas de manteca
1/2 taza de azúcar común
1/2 taza de azúcar rubia

1 huevo
Esencia de vainilla
1 taza de avena
1 y 1/2 taza de chocolate en trocitos
1 taza de pasas de uva
1/2 taza de almendras tostadas
   y un poco procesadas

- Cernir la harina con el bicarbonato y la sal.
- Batir la manteca con las dos clases de azúcar.
- Incorporar el huevo.
- Aromatizar con la esencia de vainilla.
- Por último integrar la harina, la avena, el chocolate, las pasas y las almendras.
- Colocar por cucharadas sobre una placa.
- Llevar al horno precalentado. Cocinar 15 minutos, hasta que se doren.
- Dejar enfriar sobre rejilla.

SECRETITO
▼ Son muy buenas para la mesa navideña.

Cookies de harina integral

2 docenas

INGREDIENTES

125 gramos de manteca
1/4 de taza de azúcar
2 cucharadas de miel
1 huevo
1/2 taza de harina 0000

1/2 taza de harina leudante
1 taza de harina integral
1 taza de salvado
1 pizca de sal
Salvado extra para espolvorear

▶ Batir la manteca con el azúcar a punto crema.
▶ Añadir la miel y el huevo. Seguir batiendo hasta que todo esté bien integrado.
▶ Agregar la harina 0000 y la leudante, tamizadas.
▶ Incorporar la harina integral, el salvado y la sal.
▶ Estirar sobre la mesada cubierta con salvado, espolvoreando con salvado también la parte superior de la masa a medida que se pasa el palote.
▶ Cortar las *cookies* con un cortapastas redondo.
▶ Acomodarlas en una placa.
▶ Cocinarlas en el horno precalentado de 12 a 15 minutos, hasta que se doren.

SECRETITOS

▼ Son muy simples, y quedan ricas para comer con algún quesito cremoso.
▼ Guárdenlas en latas herméticas y se conservarán muy bien.

Galletitas de granola

2 docenas

INGREDIENTES

180 gramos de manteca
½ taza de azúcar rubia
½ taza de melaza de maíz
1 y ½ taza de harina
1 cucharadita de canela
2 tazas de granola

- En un bol combinar la manteca con el azúcar rubia y la melaza de maíz.
- Agregar la harina, la canela y la granola.
- Mezclar bien para integrar todo.
- Sobre una placa enmantecada y enharinada colocar la preparación por cucharadas, separadas entre sí.
- Llevar al horno precalentado, de moderado a fuerte. Cocinar hasta que las galletitas se despeguen de la placa.

SECRETITOS

▼ La granola es una combinación de cereales y frutas secas que se compra, ya preparada, en dietéticas y supermercados. También se la suele llamar *müesli*, y algunas marcas la presentan con ese nombre.

▼ Pueden reemplazar la granola por salvado y agregar a la masa frutas secas tostadas y procesadas.

▼ Dejen enfriar las galletitas en la placa antes de levantarlas con espátula.

▼ Son muy crocantes y quedan sensacionales en un desayuno bien natural, para empezar el día con energía.

Galletitas de avena

2 docenas

INGREDIENTES

1 taza de azúcar
3 cucharadas de manteca
3 cucharadas de miel
2 cucharadas de agua
1 taza de avena
¼ de taza de semillas de sésamo
1 pizca de sal

- Poner en un bol el azúcar, la manteca, la miel y el agua.
- Calentar y dejar que hierva durante 1 minuto.
- Retirar del fuego e incorporar la avena, las semillas de sésamo y la sal.
- Dejar enfriar a temperatura ambiente.
- Formar las galletitas por cucharadas, sobre una placa enmantecada.
- Llevarlas al horno precalentado, de moderado a fuerte, hasta que estén doradas.

SECRETITOS

▼ Crocantes y deliciosas, son un auténtico desafío para los que no se quieren convencer de que las cosas sanas y naturales también pueden ser exquisitas... si se las prepara con ingredientes de calidad y una buena fórmula.

▼ La avena es un cereal rico en fibra, del tipo que ayuda a combatir el colesterol y a mantener las arterias limpitas.

▼ El sésamo se usa mucho en las cocinas de Oriente y cada día se difunde más entre nosotros por su gustito y su textura.

Galletitas de chocolate

2 docenas

INGREDIENTES

125 gramos de manteca
50 gramos de azúcar impalpable
1 huevo
150 gramos de harina
1 cucharadita de polvo para hornear
175 gramos de chocolate

- Batir la manteca con el azúcar impalpable hasta formar una crema.
- Batir el huevo e incorporarlo.
- Añadir la harina tamizada con el polvo para hornear.
- Incorporar el chocolate en trocitos.
- Colocar por cucharadas en una placa enmantecada y enharinada.
- Llevar al horno precalentado, moderado. Cocinar durante 20 minutos aproximadamente.
- Retirar y dejar enfriar un poco las galletitas antes de sacarlas de la placa.

SECRETITOS

▼ Si hace mucho calor conviene, antes de formar las galletitas, dejar la preparación en la heladera durante 1 hora para que tome consistencia.

▼ El azúcar impalpable le da mucha suavidad a la masa. Compren siempre una marca de confianza para tener la seguridad de que sea pura, sin el agregado de fécula (que aumenta su peso y le resta dulzura).

▼ Acuérdense de sacar la manteca de la heladera un rato antes, para que se ablande un poco y quede bien cremosa al batirla.

Galletitas de fécula de maíz

2 docenas

INGREDIENTES

1 taza de harina
1 taza de fécula de maíz
1 cucharadita de polvo para hornear
3/4 de taza de azúcar
120 gramos de manteca
1 cucharadita de esencia de vainilla
2 huevos

- Tamizar la harina con la fécula de maíz y el polvo para hornear.
- Agregar el azúcar.
- Incorporar la manteca.
- Perfumar con la esencia de vainilla.
- Añadir los huevos de a uno.
- Mezclar con la punta de los dedos.
- Estirar la masa y cortar las galletitas con un cortapastas redondo o cuadrado, de 5 cm de diámetro o de lado.
- Colocarlas en una placa enmantecada y enharinada.
- Cocinarlas en el horno precalentado, moderado, durante 20 minutos.

SECRETITOS

▼ Son parecidas a las clásicas galletitas de manteca importadas y resultan muy ricas para acompañar helado con salsa de frutillas.

▼ Es divertido hacer algunas redondas y otras cuadradas y marcar la superficie con un tenedor antes de hornear.

Galletitas de manteca

2 docenas

INGREDIENTES

2 tazas de harina 0000
1 cucharada de azúcar
2 cucharaditas de polvo
   para hornear
1/2 cucharadita de sal
10 cucharadas de manteca fría
   en cubitos
2/3 de taza + 1 cucharada de crema
   de leche

- Cernir la harina con el azúcar, el polvo para hornear y la sal en un bol.
- Agregar la manteca y trabajar con la punta de los dedos.
- Incorporar la crema e integrar todo.
- Dividir la masa en cuatro partes y estirarlas por separado.
- Cortar galletitas de diferentes formas. Ubicarlas en placas.
- Llevar al horno precalentado, de moderado a fuerte. Cocinar durante 20 minutos, hasta que se sequen.

SECRETITOS
▼ No se les ocurra usar margarina en esta receta, porque el gustito de la manteca es único, súper delicioso.
▼ En repostería la temperatura de la manteca y la forma de trabajarla modifican los resultados. No es lo mismo incorporarla blanda y batida que fría y en trocitos. Con esto no quiero decir que un método sea correcto y el otro no, simplemente les pido que respeten las indicaciones en cada caso.
▼ Estas galletitas tienen que quedar más bien paliduchas; no dejen que se doren, para que no les cambie el sabor.

Galletitas de miel
2 docenas

INGREDIENTES

50 gramos de manteca
2 cucharadas de miel
50 gramos de azúcar rubia
175 gramos de harina 0000
1 cucharadita de polvo para hornear

- Poner en un bol la manteca, la miel y el azúcar rubia.
- Derretir todo a baño de María, sin dejar que hierva.
- Tamizar la harina junto con el polvo para hornear.
- Incorporarla a la mezcla anterior y unir bien.
- Con ayuda de una cuchara formar las galletitas sobre una placa enmantecada y enharinada, cuidando que no queden muy cerca unas de otras.
- Cocinarlas en el horno, a temperatura moderada, durante 20 minutos aproximadamente.

SECRETITOS

▼ Facilísimas, como para que las hagan los chicos, las guarden en frascos y sorprendan con ricas galletitas caseras a las visitas que vengan a tomar el té.
▼ La combinación de miel y azúcar rubia da un sabor más suave que la miel sola y más intenso que el azúcar común. También otorga un colorcito muy tentador.
▼ Para medir la cantidad justa de miel les sugiero que unten la cuchara con unas gotitas de aceite. Así la miel se desliza con facilidad y no queda una parte pegada a la cuchara.
▼ Como estas galletitas llevan polvo para hornear, crecen un poco durante la cocción. No se olviden de esto y dejen suficiente espacio libre al ponerlas en la placa.

Galletitas mignon

2 docenas

INGREDIENTES

125 gramos de harina
125 gramos de fécula de maíz
125 gramos de azúcar
1 cucharadita escasa de canela
½ cucharadita de sal
125 gramos de manteca
2 yemas
1 cucharada de leche

▶ Poner en un bol la harina, la fécula de maíz, el azúcar, la canela, la sal y la manteca fría.
▶ Cortar la manteca con dos cuchillos, mezclándola con los ingredientes secos, hasta que quede completamente desmenuzada y bien integrada.
▶ Hacer un hueco y poner en él las yemas y la leche. Agitar estos ingredientes con cuchara de madera e ir incorporando paulatinamente la mezcla de alrededor, sin amasar.
▶ Dividir la masa en cuatro o cinco porciones chicas.
▶ Estirarlas por separado sobre la mesada espolvoreada con harina.
▶ Cortar las galletitas con cortapastas pequeños.
▶ Colocarlas sobre placas enmantecadas y enharinadas.
▶ Cocinarlas en el horno muy caliente alrededor de 10 minutos, para que resulten tiernas.

SECRETITOS

▼ Quedan riquísimas y suaves porque al combinar la harina con la fécula se deshacen en la boca.
▼ Si tienen las manos muy calientes, traten de tocar la masa lo menos posible y enfríenla en la heladera antes de estirarla.

Galletitas de Navidad

5 docenas

INGREDIENTES

6 tazas de harina 0000
1 y 1/2 cucharadita de bicarbonato de sodio
1 cucharada de jengibre
2 cucharaditas de canela
1/2 cucharadita de clavo de olor

1 taza de manteca blanda
1 taza de azúcar rubia
1 huevo
3/4 de taza de melaza de maíz
1 cucharada de vinagre blanco
Glasé de colores para decorar

- Cernir la harina con el bicarbonato y las especias.
- En un bol grande batir la manteca con el azúcar rubia a punto crema.
- Agregar el huevo.
- Añadir la melaza de maíz y el vinagre y mezclar.
- Incorporar 3 tazas de harina, integrarla y luego añadir el resto.
- Dividir la masa en cuatro partes. Formar bollos y refrigerar durante 4 horas, hasta que estén firmes.
- Estirar y cortar las galletitas con cortapastas de figuras navideñas.
- Apoyarlas sobre placas. Cocinar en el horno precalentado de 6 a 7 minutos, hasta que se doren.
- Retirar, dejar enfriar y decorar con glasé en cartucho.

SECRETITO
▼ El vinagre tiene la virtud de realzar el aroma de las especias.

Galletitas de Navidad de patisserie

4 docenas

INGREDIENTES

500 gramos de harina
200 gramos de azúcar impalpable
1 pizca de clavo de olor
1 cucharadita de canela
100 gramos de avellanas tostadas
  y procesadas
200 gramos de manteca
2 huevos

- Combinar la harina con el azúcar impalpable, el clavo de olor, la canela y las avellanas procesadas.
- Agregar la manteca en trocitos y los huevos.
- Unir hasta formar una masa.
- Estirarla y cortar las galletitas con cortapastas de motivos navideños.
- Colocarlas en una placa enmantecada y enharinada.
- Cocinarlas en horno precalentado, de moderado a fuerte.

SECRETITOS

▼ En lugar de avellanas pueden usar mitad nueces, mitad almendras, sin olvidarse de tostarlas unos minutos en el horno, esparcidas sobre una placa.

▼ El sabor de estas galletitas es parecidísimo al de los tradicionales *speculatious* de varios países europeos, que en realidad no se hacen exactamente para Navidad sino para festejar el día de San Nicolás, el 6 de diciembre. En el mundo hay distintas costumbres para esas fechas, pero todas tienen en común el espíritu de la dulzura y el amor.

Galletitas de helado
2 docenas

INGREDIENTES

1 taza de cacao dulce
1/4 de taza de leche caliente
250 gramos de manteca
1/4 de taza de azúcar
1 huevo
2 y 1/2 tazas de harina común
2/3 de taza de harina leudante

100 gramos de chocolate en trocitos
150 gramos de chocolate cobertura negro
150 gramos de chocolate cobertura blanco
1/4 de taza de almendras o nueces tostadas y procesadas

- Disolver el cacao en la leche caliente. Dejar enfriar.
- En un bol grande batir la manteca con el azúcar y el huevo hasta lograr una mezcla homogénea.
- Agregar la leche con cacao.
- Por último, incorporar las harinas bien tamizadas.
- Volcar sobre la mesada. Colocar arriba el chocolate en trocitos y trabajar con el palo de amasar hasta que se integre a la masa en forma pareja. Alisar la superficie.
- Cortar galletitas en forma de helados de palito; insertarles palitos de madera.
- Acomodarlas en una placa.
- Llevar al horno precalentado, de moderado a fuerte. Cocinar de 15 a 20 minutos.
- Retirar y dejar enfriar.
- Cubrir las galletitas con chocolate cobertura derretido y fruta seca.
- Dejar secar.

SECRETITOS
▼ Cuidado con los chocolates: para que no queden opacos tienen que estar templados, y esto se reconoce cuando al tocarlos con el labio se sienten tibios.
▼ Pueden cubrir algunas galletitas con blanco y otras con negro.

Biscottini, biscuits y crocantes

Biscotti toscani

1 y ½ docena

INGREDIENTES

2/3 de taza de manteca
1 y ½ taza de azúcar
4 huevos
Esencia de vainilla
Esencia de almendras
4 cucharaditas de ralladura de naranja

4 y ½ tazas de harina 0000
3 cucharaditas de polvo para hornear
¼ de cucharadita de canela
1 pizca de sal
1 taza de almendras tostadas

▶ Batir la manteca con el azúcar hasta que quede bien cremosa y clarita.
▶ Incorporar los huevos, las esencias de vainilla y de almendras y la ralladura de naranja.
▶ Combinar la harina con el polvo para hornear, la canela y la sal. Agregar estos ingredientes a la mezcla anterior. Cortar un poco las almendras e incorporarlas.
▶ Dividir la masa en dos partes y formar cilindros. Apoyarlos sobre una placa.
▶ Llevar al horno precalentado, moderado. Cocinar durante 25 minutos, hasta que se doren. Retirar y dejar enfriar 5 minutos sobre una rejilla.
▶ Cortar diagonalmente en tajadas de 1 cm. Acomodarlas en placas.
▶ Volver al horno para secar, 10 minutos de cada lado. Dejar enfriar y guardar en frascos.

SECRETITO
▼ Para tostar las almendras les recomiendo esparcirlas sobre una placa y llevarlas al horno de 8 a 10 minutos.

Biscottini a la almendra
1 y ½ docena

INGREDIENTES

½ taza de pasta de almendras
3 huevos
¾ de taza de azúcar
2 cucharaditas de ralladura de limón
½ cucharadita de esencia
  de almendras

1 y ⅔ taza de harina 0000
⅓ de taza de fécula de maíz
½ cucharadita de polvo
  para hornear
1 pizca de sal
¾ de taza de almendras tostadas

▶ Colocar la pasta de almendras en un bol y revolver hasta que esté cremosa. Incorporar los huevos y el azúcar, batiendo para lograr una textura liviana. Perfumar con la ralladura de limón y la esencia de almendras.
▶ En otro bol combinar la harina con la fécula de maíz, el polvo para hornear y la sal. Agregar a la mezcla de huevos. Incorporar las almendras un poco cortadas.
▶ Dividir la masa en dos partes y formar cilindros. Apoyarlos en una placa.
▶ Llevarlos al horno precalentado, de moderado a fuerte. Cocinarlos durante 20 minutos. Dejar enfriar 5 minutos.
▶ Cortar tajaditas en diagonal. Disponerlas sobre placas.
▶ Secar en el horno como los de la receta anterior.

SECRETITOS
▼ Es tradicional comer estos *biscottini* mojados en un vinito dulce.
▼ Para hacer la pasta de almendras, colocar en una cacerola o bol de cobre 450 gramos de azúcar impalpable y 3 cucharadas de jugo de limón. Llevar al fuego hasta obtener un almíbar suave. Incorporar 250 gramos de almendras peladas, procesadas a polvo, y remover con cuchara de madera hasta secar. Guardar en un recipiente hermético en la heladera.

Biscottini de cioccolato

1 y ½ docena

INGREDIENTES

2 huevos
¾ de taza de azúcar
2 cucharaditas de cacao
120 gramos de avellanas tostadas
90 gramos de chocolate derretido
 y frío
2 y ½ tazas de harina
1 cucharadita de bicarbonato
 de sodio
1 pizca de sal

- Batir los huevos a punto letra con el azúcar.
- Incorporar el cacao, las avellanas y el chocolate.
- Por último, agregar la harina cernida con el bicarbonato y la sal.
- Dividir la masa en dos y colocarla formando franjas sobre una placa enmantecada y enharinada.
- Llevar al horno precalentado, moderado. Cocinar durante 30 minutos.
- Retirar y, antes de que se enfríe del todo, cortar en rodajas de 1 cm de ancho, en diagonal.
- Acomodar nuevamente en la placa y hornear unos 15 minutos más, a temperatura baja, para que se sequen.

SECRETITOS

▼ Les aconsejo que derritan el chocolate a baño de María, no sobre fuego directo, para tener la seguridad de que no se queme.
▼ Es mejor procesar un poco las avellanas para que no se desarme la masa al cortarla.
▼ ¡Ojo con pasarse del tiempo de secado! Como no tienen manteca, se ponen muy duros.

Biscottini de chocolate blanco y nueces

1 y ½ docena

INGREDIENTES

½ taza de manteca
¾ de taza de azúcar
2 huevos
1 cucharadita de esencia
de vainilla
2 cucharadas de amaretto

⅔ de taza de chocolate blanco
derretido y frío
⅔ de taza de nueces
2 y ½ tazas de harina
1 y ½ cucharadita de polvo
para hornear

▶ Batir la manteca con el azúcar hasta que esté cremosa.
▶ Agregar los huevos, la esencia y el *amaretto*.
▶ Incorporar el chocolate y las nueces.
▶ Tamizar la harina con el polvo para hornear.
▶ Añadirla a la mezcla anterior en forma envolvente.
▶ Dividir la masa en dos y formar franjas sin emparejar sobre una placa enmantecada y enharinada.
▶ Llevar al horno precalentado, moderado. Cocinar de 25 a 30 minutos. Retirar.
▶ Cuando la masa aún esté caliente, cortar bastoncitos de 1 cm y apoyarlos en la placa.
▶ Secarlos en el horno, 10 minutos de cada lado.

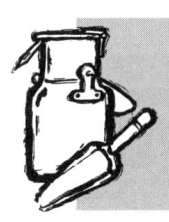

SECRETITO
▼ El *amaretto* es un licor de almendras, medio amarguito, que le da un toque muy especial a la repostería.

Biscottini de damascos y castañas

1 y ½ docena

INGREDIENTES

1 taza de manteca
1 y ½ taza de azúcar
4 huevos
4 cucharadas de jugo
   de naranja
4 tazas + 4 cucharadas
   de harina 0000

3 cucharaditas de polvo
   para hornear
1 cucharadita de clavo de olor
1 pizca de sal
1 y ½ taza de damascos secos
   cortados bien finos
1 y ⅓ taza de castañas tostadas

▶ En un bol batir la manteca con el azúcar hasta que esté bien liviana.
▶ Incorporar los huevos y el jugo de naranja.
▶ En otro bol combinar la harina con el polvo para hornear, el clavo de olor y la sal.
▶ Agregar los ingredientes secos a la mezcla cremosa, integrando bien todo. Por último, añadir los damascos y las castañas.
▶ Dividir la masa en 4 partes. Formar tiras alargadas sobre dos placas de 20 por 40 cm y 2 cm de alto, enmantecadas y enharinadas.
▶ Llevar al horno precalentado, a temperatura fuerte. Cocinar durante 25 minutos, hasta que se doren. Retirar y dejar enfriar 5 minutos sobre una rejilla.
▶ Cortar tajaditas de 1 cm, en diagonal. Colocarlas nuevamente en las placas.
▶ Dejar secar dentro del horno apagado durante 10 minutos.
▶ Dejar enfriar y guardar en latas.

SECRETITO
▼ Conviene ubicar las placas en el estante central del horno.

Biscottini de membrillo y nueces

8 docenas

INGREDIENTES

1 taza de manteca
1 taza de azúcar
4 huevos
4 tazas + 4 cucharadas de harina 0000
3 cucharaditas de polvo para hornear
1 pizca de sal
2 tazas de cuadraditos de dulce de membrillo
1 y 1/2 taza de nueces tostadas y un poco procesadas
Ralladura de 1 limón

- Batir la manteca con el azúcar hasta lograr una consistencia cremosa.
- Incorporar los huevos de a uno y seguir batiendo.
- Combinar la harina con el polvo para hornear y la sal.
- Añadir el dulce de membrillo, las nueces y la ralladura de limón.
- Mezclar las dos preparaciones para formar una masa.
- Dividirla en tres o cuatro porciones cilíndricas.
- Ubicarlas sobre placas enmantecadas y enharinadas.
- Llevar al horno precalentado, de moderado a fuerte. Cocinar hasta que se doren.
- Dejar enfriar durante 5 minutos.
- Cortar tajaditas oblicuas y apoyarlas sobre las placas.
- Volver al horno suave durante 15 minutos, para secar.

SECRETITO
▼ Elijan un dulce bien sólido, no cremoso, y de lindo color.

Biscottini de naranja y almendras

8 docenas

INGREDIENTES

1 taza de manteca
1 taza de azúcar
4 huevos
4 cucharadas de Cointreau
Ralladura de 2 naranjas
4 tazas + 4 cucharadas
   de harina 0000

3 cucharaditas de polvo
   para hornear
1 pizca de sal
2 tazas de cáscara de naranja
   confitada picada
1 y 1/2 taza de almendras tostadas
   y un poco cortadas

▶ Batir la manteca con el azúcar hasta que resulte liviana y clara.
▶ Agregar los huevos de a uno, el licor y la ralladura de naranja, sin dejar de batir.
▶ Mezclar la harina con el polvo para hornear y la sal.
▶ Incorporar a los ingredientes secos la cáscara de naranja y las almendras.
▶ Unir con el batido para formar la masa.
▶ Dividirla en dos o tres cilindros de 4 cm de diámetro y 40 cm de largo aproximadamente.
▶ Apoyarlos sobre placas enmantecadas y enharinadas.
▶ Llevar al horno precalentado, de moderado a fuerte. Cocinar durante 30 minutos, hasta que comiencen a dorarse.
▶ Dejar enfriar 5 minutos.
▶ Cortar tajadas en diagonal y ponerlas de nuevo en las placas.
▶ Secar en el horno durante 15 minutos.

SECRETITO

▼ El Cointreau es un exquisito licor de naranjas que refuerza con su aroma el carácter de estos *biscottini*.

Biscottini de nueces y fruta

1 y ½ docena

INGREDIENTES

½ taza de manteca
1 taza de azúcar rubia
2 huevos
1 cucharadita de esencia de vainilla
2 tazas de harina integral
2 cucharaditas de canela

¼ de cucharadita de clavo de olor
1 y ½ cucharadita de polvo
   para hornear
1 pizca de sal
⅔ de taza de nueces tostadas
¾ de taza de damascos secos

▶ Batir la manteca con el azúcar rubia a punto crema, hasta que esté clarita. Incorporar los huevos y la esencia de vainilla.
▶ Mezclar la harina con la canela, el clavo de olor, el polvo para hornear y la sal.
▶ Unir las dos preparaciones. Cortar un poco las nueces y los damascos e incorporarlos.
▶ Dividir la masa en dos partes. Colocarlas en placas enmantecadas y enharinadas, formando cilindros.
▶ Llevar al horno precalentado, moderado. Cuando comiencen a dorarse, pinchar con un palillo y controlar que salga seco.
▶ Retirar y, cuando aún estén tibios, cortar tajaditas en diagonal. Volverlas a las placas.
▶ Secarlas en el horno, hasta que se endurezcan

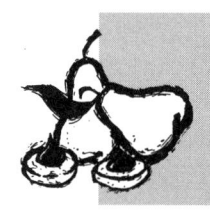

SECRETITO
▼ Como siempre les digo, es mucho mejor tostar las frutas secas para que potencien su sabor.

Biscottini de praliné

1 y ½ docena

INGREDIENTES

1 taza de manteca
1 y ⅓ taza de azúcar
4 huevos
2 cucharaditas de esencia de vainilla
4 tazas + 4 cucharadas
   de harina 0000

3 cucharaditas de polvo
   para hornear
1 pizca de sal
Praliné hecho con 1 taza de azúcar
   y 1 taza de almendras
1 y ⅓ taza de almendras tostadas

- En un bol batir la manteca con el azúcar hasta que esté bien clara. Incorporar los huevos y la vainilla.
- En otro bol combinar la harina con el polvo para hornear y la sal.
- Agregarla a la mezcla anterior. Añadir el praliné molido y las almendras un poco procesadas.
- Dividir la masa en cuatro partes y formar cilindros sobre dos placas de 20 por 40 cm, enmantecadas y enharinadas.
- Colocar las placas en el estante central del horno. Cocinar a temperatura fuerte durante 25 minutos, o hasta que se doren. Dejar enfriar 5 minutos sobre una rejilla.
- Cortar en tajaditas de 1 cm, en diagonal. Apoyarlas en las placas.
- Dejarlas secar dentro del horno apagado durante 10 minutos.

SECRETITO

▼ Les recuerdo el procedimiento para hacer el praliné: Colocar el azúcar en una sartén de fondo grueso. Llevar sobre fuego moderado hasta que se forme caramelo. Agregar las almendras peladas y mezclar para que queden bien cubiertas con el caramelo. Volcar de inmediato sobre papel de aluminio bien aceitado. Dejar enfriar hasta que el caramelo solidifique. Trozar y después picar o moler.

Biscottini di prato

1 y ½ docena

INGREDIENTES

3 huevos
1 cucharadita de esencia de vainilla
2 tazas de harina 0000
⅞ de taza de azúcar

1 pizca de sal
¾ de taza de almendras tostadas
100 gramos de chocolate cobertura

- Batir ligeramente los huevos con la vainilla.
- Mezclar la harina con el azúcar y la sal.
- Agregar el batido de huevos a los ingredientes secos y revolver durante 1 minuto.
- Cortar las almendras en trozos grandes e incorporarlas a la mezcla.
- Dividir la masa en dos partes y formar franjas sobre placas enmantecadas y enharinadas.
- Cocinar en el horno precalentado durante 50 minutos.
- Dejar enfriar y cortar tajaditas en diagonal. Acomodarlas en las placas.
- Secarlas dentro del horno apagado durante 10 minutos.
- Derretir el chocolate cobertura y bañar los biscottini.

No se pasen con el tiempo de secado, para que no queden réquete duros.

Almond biscuits

2 docenas

INGREDIENTES

125 gramos de almendras
bien procesadas

1 taza de azúcar impalpable
1 clara

- Combinar todos los ingredientes. Unir bien.
- Colocar la mezcla en un cartucho de papel. Formar los *biscuits* sobre placas cubiertas con papel de aluminio enmantecado.
- Llevar al horno precalentado, moderado. Cocinar hasta que se doren.

Son simplísimos, perfectos como petits fours *y hermanos de los* amaretti.

Biscuits de avena y sésamo

1 y ½ docena

INGREDIENTES

250 gramos de avena
2 cucharadas de sésamo tostado
150 gramos de melaza de maíz

240 cc de aceite
2 huevos

- Combinar la avena con el sésamo, la melaza de maíz y el aceite.
- Dejar reposar durante 1 hora.
- Agregar los huevos y mezclar.
- Colocar por cucharadas en una placa enmantecada y enharinada.
- Hornear 20 minutos, a temperatura moderada a fuerte, hasta que estén bien dorados.
- Retirar y dejar enfriar.

Si les gustan las cosas naturales no se los pueden perder.

Crocantes de castañas de Cajú

1 y ½ docena

INGREDIENTES

125 gramos de manteca
1 cucharada de miel
200 gramos de avena

50 gramos de castañas de Cajú
cortadas

- Poner la manteca y la miel en una sartén. Fundirlas sobre llama suave.
- Fuera del fuego incorporar la avena y las castañas de Cajú.
- Volcar la preparación en un molde de 18 por 28 cm, enmantecado.
- Cocinar en el horno, a temperatura moderada, de 25 a 30 minutos.
- Retirar, dejar reposar 2 minutos y después cortar en cuadrados.
- Desmoldarlos una vez fríos.

Es buenísima la combinación de avena y castañas de Cajú.

Barritas de miel y almendras

1 docena

INGREDIENTES

2 tazas de harina 0000
½ cucharadita de canela
1 taza de almendras tostadas
y procesadas
1 taza de azúcar rubia
180 gramos de manteca derretida

CUBIERTA
6 huevos
½ taza de azúcar rubia
½ taza de miel
200 gramos de chocolate con leche
420 gramos de almendras tostadas

▶ Combinar en un bol la harina, la canela, las almendras procesadas, el azúcar rubia y la manteca. Unir para formar una masa.
▶ Estirarla y colocarla en una placa.
▶ Llevar al horno precalentado. Cocinar 12 minutos, hasta que se dore.
▶ Dejar enfriar.
▶ Para hacer la cubierta, batir ligeramente los huevos. Combinarlos con el azúcar rubia, la miel y el chocolate derretido.
▶ Esparcir sobre la masa las almendras enteras y encima la mezcla de miel.
▶ Hornear 40 minutos más. Dejar enfriar varias horas antes de cortar en barritas.

SECRETITO
▼ Son súper ricas para acompañar un cafecito y quedan bien crocantes.

Deditos de almendras y miel

1 y ½ docena

INGREDIENTES

60 gramos de manteca
⅓ de taza de miel
⅓ de taza de melaza de maíz
1 y ¼ taza de harina 0000
½ cucharadita de bicarbonato de sodio
½ cucharadita de jengibre

½ taza de almendras tostadas y procesadas
1 cucharada de leche
GLASÉ
Jugo de 1 limón o 1 naranja
Azúcar impalpable

❥ Fundir la manteca junto con la miel y la melaza de maíz. Dejar enfriar 10 minutos.
❥ Tamizar los ingredientes secos y mezclarlos con las almendras.
❥ Unir las dos preparaciones e incorporar la leche.
❥ Tomar pequeñas porciones y afinarlas para formar los deditos.
❥ Colocarlos en una placa enmantecada y enharinada.
❥ Llevar al horno precalentado, moderado. Cocinar durante 30 minutos aproximadamente.
❥ Preparar el glasé con el jugo elegido y la cantidad de azúcar impalpable que absorba. Bañar los deditos una vez fríos.

SECRETITO
▼ Con la misma masa pueden hacer tapitas de alfajores, para rellenar con dulce de frutas.

Triángulos de dátiles y germen de trigo

1 y ½ docena

INGREDIENTES

²/3 de taza de dátiles
1 y ½ taza de harina
²/3 de taza de azúcar rubia
¾ de taza de germen de trigo
125 gramos de manteca
2 yemas
1 cucharada de agua aproximadamente

- Cortar los dátiles en pedacitos de 1 cm. Reservarlos.
- Combinar la harina con el azúcar rubia y el germen de trigo.
- Mezclar los ingredientes secos con la manteca.
- Agregar las yemas y agua suficiente para unir.
- Incorporar los dátiles y amasar hasta que todo esté bien integrado.
- Hacer un bollo y envolverlo en film. Refrigerarlo durante 1 hora.
- Estirar la masa. Cortar triángulos de unos 4 cm de base. Apoyarlos sobre una placa.
- Hornear durante 12 minutos, hasta que se doren.
- Dejar enfriar sobre rejilla.

SECRETITOS

▼ Son ideales para los fanáticos de lo natural.
▼ El germen de trigo es un gran alimento, con muchas proteínas, y además aporta una nota crocante.
▼ Pueden reemplazar los dátiles por pasas de uva.

Bollitos, muffins y scones

Hot cross buns

1 y ½ docena

INGREDIENTES

40 gramos de levadura fresca
480 cc de leche tibia
15 gramos de sal
170 gramos de miel
910 gramos de harina 0000
½ cucharadita de canela
½ cucharadita de nuez moscada
¼ de cucharadita de clavo de olor
55 gramos de manteca blanda

360 gramos de pasas de uva
Ralladura de 2 limones
½ litro de crema pastelera
(página 239)
Huevo batido para pincelar
GLASÉ
445 gramos de azúcar impalpable
22 gramos de glucosa
90 cc de agua caliente

- Disolver la levadura en la leche tibia. Incorporar la sal y la miel.
- Combinar la harina con las especias. Unir con la mezcla de levadura.
- Añadir la manteca blanda.
- Amasar durante 10 minutos. Dejar leudar.
- Incorporar las pasas y la ralladura de limón. Cubrir y dejar reposar 10 minutos.
- Dividir la masa en dos bollos iguales. Hacerles un corte en cruz y dejarlos leudar hasta que el volumen aumente al doble.
- Estirar cada bollo de masa y cortar cuadrados.
- Rellenarlos con la crema pastelera bien consistente y redondearlos.
- Acomodarlos en una placa.
- Pincelarlos con huevo batido o yema diluida en agua.
- Llevar al horno precalentado, de moderado a fuerte. Cocinar durante 25 minutos.
- Hacer el glasé combinando el azúcar impalpable con la glucosa y el agua caliente. Ponerlo en un cartucho de papel y decorar cada bollo con dos trazos cruzados.

SECRETITO

▼ Hagan una masa blanda, fácil de trabajar, no dura ni resistente.

Bollitos, muffins y scones • 63

Bollitos sin levadura

2 docenas

INGREDIENTES

4 tazas de harina
1 pizca de sal
4 cucharaditas de polvo
para hornear
2 y 1/2 tazas de leche (opcional:
mitad leche, mitad crema)
Yema para pintar
1 taza de queso rallado
1 cucharada de sésamo

▶ Colocar en un bol la harina, la sal y el polvo para hornear, bien tamizados.
▶ Incorporar la leche de a poco, hasta que se forme una masa.
▶ Tomar porciones, formar los bollitos y ubicarlos en una placa, separados entre sí.
▶ Pincelarlos con yema diluida en agua.
▶ Espolvorearlos en la superficie con el queso rallado y el sésamo.
▶ Llevar al horno precalentado, de moderado a fuerte. Cocinar durante 30 minutos aproximadamente.

SECRETITOS

▼ Estos bollitos son para toda ocasión: un desayuno de domingo, un té completo o una picada informal si caen amigos por sorpresa.
▼ Utilizando leche y crema en partes iguales quedan más suaves.
▼ Pueden incorporar el queso a la masa en lugar de espolvorearlo por arriba. Eso sí, no se olviden de las semillas de sésamo, porque son el toque maestro.
▼ Chiquis: ¡A no perderse esta receta!

Muffins de amapola con frambuesas

2 docenas

INGREDIENTES

2 y 1/4 tazas de harina 0000
1 cucharadita de bicarbonato
de sodio
1/2 cucharadita de polvo
para hornear
1/2 taza de manteca a temperatura
ambiente
2/3 de taza + 1/2 taza de azúcar

1 cucharadita de esencia
de vainilla
5 yemas
1 taza de crema de leche
1/4 de taza de semillas de amapola
3 claras
1/4 de cucharadita de cremor tártaro
3 tazas de frambuesas frescas

◗ Enmantecar y enharinar 24 moldecitos para muffins.
◗ Cernir la harina con el bicarbonato y el polvo para hornear.
◗ Batir la manteca con 2/3 de taza de azúcar. Perfumar con la esencia de vainilla.
◗ Agregar las yemas de a una, batiendo bien cada vez. Batir durante 3 minutos más.
◗ Integrar la crema, las semillas de amapola y los ingredientes secos.
◗ Batir las claras a nieve con el cremor tártaro y añadirles gradualmente 1/2 taza de azúcar.
◗ Incorporar las claras a la mezcla anterior, en dos veces y en forma envolvente. Agregar las frambuesas.
◗ Colocar la preparación en los moldes.
◗ Cocinar en el horno precalentado durante 20 minutos, hasta que se doren.
◗ Dejar enfriar sobre rejilla.

SECRETITO
▼ La combinación de amapola con frambuesas es un verdadero hallazgo.

Muffins de arándanos o frambuesas

1 docena

INGREDIENTES

2 tazas de harina 0000
1 cucharadita de polvo para hornear
1/2 cucharadita de sal
1/2 taza de azúcar
1 huevo batido
1/3 de taza de manteca derretida
1/2 taza de leche
1/2 taza de crema de leche
Ralladura de 1 limón

2 cucharaditas de jugo de limón
1 y 1/2 taza de arándanos
o frambuesas

CUBIERTA
1/3 de taza de azúcar común
1/3 de taza de harina
1/4 de cucharadita de sal
1/4 de cucharadita de canela
3 cucharadas de azúcar rubia

▶ Tamizar la harina con el polvo para hornear, la sal y el azúcar.
▶ Añadir los demás ingredientes, menos los arándanos o frambuesas, que se incorporan después.
▶ Repartir la mezcla en moldes para *muffins*, llenándolos hasta las 3/4 partes.
▶ Salpicar con las frutas rojas, clavándolas como si se estuviera practicando tiro al blanco.
▶ Para la cubierta mezclar el azúcar común con la harina, la sal y la canela.
▶ Cubrir las frutas con la mezcla y terminar con el azúcar rubia.
▶ Llevar al horno precalentado, de moderado a fuerte. Cocinar durante 25 minutos.
▶ Dejar enfriar sobre rejilla.

SECRETITO
▼ También pueden usar *boysenberries*. Y ¡ojo con las frambuesas!, que son muy frágiles.

Muffins diferentes con arándanos

1 docena

INGREDIENTES

CRUMBLE
1/2 taza de manteca
1 taza de azúcar
1 taza de harina 0000
1 cucharadita de canela
BATIDO
3/4 de taza + 2 cucharadas de harina 0000
3/4 de cucharadita de polvo para hornear

1 y 1/2 cucharadita de ralladura de limón
1/2 taza de leche
90 cc de crema de leche
Esencia de vainilla
1/4 de taza de manteca blanda
1/4 de taza de azúcar
1 huevo grande batido
1 y 3/4 taza de arándanos

◗ Preparar el *crumble* trabajando la manteca en pequeños trozos junto con el azúcar, la harina y la canela hasta que se formen grumos.
◗ Enmantecar moldes para *muffins*.
◗ Mezclar en un bol los ingredientes secos para el batido.
◗ Combinar la leche con la crema y la esencia en otro recipiente.
◗ Aparte, batir la manteca con el azúcar hasta que esté liviana. Incorporar la mitad del huevo batido.
◗ Unir las tres mezclas poco a poco, intercalando el huevo restante.
◗ Poner en cada moldecito 2 cucharadas de *crumble*, algunos arándanos, un poco de batido, más arándanos y *crumble*.
◗ Hornear de 15 a 20 minutos.
◗ Dejar enfriar durante 30 minutos antes de saborear.

SECRETITO
▼ Reserven el *crumble* en la heladera, cubierto, mientras preparan el batido.

Muffins de avellanas y ciruelas

2 docenas

INGREDIENTES

180 gramos de manteca derretida
750 gramos de harina 0000
4 cucharaditas colmadas de polvo para hornear
110 gramos de avellanas tostadas y un poco procesadas
300 gramos de azúcar
2 huevos
500 cc de leche
250 gramos de mermelada de ciruelas

◗ Combinar la manteca con la harina, el polvo para hornear, las avellanas, el azúcar, los huevos y la leche. Mezclar hasta que todo quede bien integrado.
◗ Enmantecar los moldes y llenarlos hasta la mitad. Hacer un huequito en el centro y colocar allí la mermelada de ciruelas. Cubrir con el resto de masa.
◗ Llevar al horno precalentado, de moderado a fuerte. Cocinar durante 25 minutos.

Son muy indicados para que los hombres se los preparen a sus mujeres.

Muffins de harina integral

½ docena

INGREDIENTES

1 taza de harina integral
¾ de taza de harina común
¼ de taza de salvado
4 cucharaditas de polvo para hornear
½ cucharadita de sal
⅓ de taza de manteca
1 taza de leche
1 huevo grande

◗ Combinar las harinas con el salvado, el polvo para hornear y la sal.
◗ Derretir la manteca y mezclarla con la leche. Agregar el huevo e incorporar la mezcla de harinas, formando una preparación grumosa.
◗ Llenar los moldes hasta las ¾ partes.
◗ Llevar al horno precalentado, de moderado a fuerte. Cocinar durante 30 minutos.

Vienen bien para comer algo liviano cuando uno está a dieta.

Muffins de frutillas y salvado

1 docena

INGREDIENTES

1 y 1/2 taza de salvado
1 y 1/2 taza de leche
1/2 taza de harina blanca
1 cucharadita de polvo
   para hornear
1/2 cucharadita de sal
1/2 taza de harina integral

2/3 de taza de azúcar rubia
1 huevo batido
1/3 de taza de manteca derretida
1 taza de frutillas cortadas
   en pedacitos
12 frutillas grandes enteras
Azúcar rubia extra para espolvorear

- Remojar el salvado en la leche durante 15 minutos.
- Tamizar la harina blanca con el polvo para hornear y la sal.
- Mezclarla con la harina integral y el azúcar rubia.
- Combinar el salvado con el huevo, la manteca derretida y las frutillas en trocitos.
- Integrar las dos mezclas.
- Distribuir en moldes para *muffins*, llenándolos hasta las 3/4 partes.
- Colocar una frutilla entera en cada *muffin*.
- Espolvorear con azúcar rubia.
- Llevar al horno precalentado, de moderado a fuerte. Cocinar de 25 a 30 minutos.
- Retirar y dejar enfriar sobre rejilla.

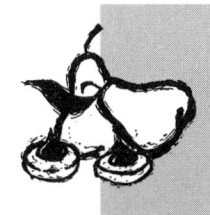

SECRETITOS

▼ No laven las frutillas, para que no queden húmedas. Simplemente repásenlas con un papel absorbente.

▼ El salvado es un producto muy saludable por su alto contenido de fibra, pero ¿quién dijo que es sólo para los que tienen que seguir un régimen o para los naturistas a ultranza? Esta exquisitez les va a demostrar que es capaz de tentar a todos.

Muffins de jamón y queso
1 docena

INGREDIENTES

2 tazas de harina 0000
1 cucharadita de polvo para hornear
3/4 de cucharadita de sal
1/4 de cucharadita de mostaza en polvo
2 cucharaditas de azúcar
1 huevo batido
1/3 de taza de manteca derretida
1 taza de leche
3/4 de taza de jamón en tiritas
3/4 de taza de queso fontina picante
   rallado

◗ Tamizar la harina con el polvo para hornear, la sal, la mostaza y el azúcar.
◗ Añadir el huevo, la manteca derretida y la leche, revolviendo para conseguir una textura grumosa.
◗ Incorporar el jamón y el queso, mezclando suavemente
◗ Colocar la preparación en moldes para *muffins*, llenándolos hasta las 3/4 partes.
◗ Llevar al horno precalentado, más fuerte que moderado. Cocinar durante 25 minutos aproximadamente.
◗ Retirar y dejar enfriar un rato sobre rejilla.

SECRETITOS
▼ Si quieren, pueden espolvorearlos con queso parmesano rallado, para darles un sabor más intenso.
▼ ¡A comerlos tibiecitos!, les diría que con una cerveza bien fría.

Muffins de tomate y queso

1 docena

INGREDIENTES

1 taza de harina 0000
1 cucharadita de polvo para hornear
1 taza de harina integral
3/4 de cucharadita de sal
1/2 cucharadita de orégano
2 cucharadas de azúcar
1/2 taza de queso parmesano rallado
1 huevo batido
1 taza de leche
1/3 de taza de manteca derretida
2 tomates perita grandes,
  pelados, sin semillas
  y cortados en pedacitos

▶ Tamizar la harina 0000 con el polvo para hornear.
▶ Combinarla con la harina integral, la sal, el orégano, el azúcar y el queso rallado.
▶ Añadir el huevo batido, la leche, la manteca derretida y los tomates.
▶ Mezclar suavemente, dejando la preparación un poco grumosa.
▶ Colocarla en moldes para *muffins*, llenándolos hasta las 3/4 partes.
▶ Llevar al horno precalentado, de moderado a fuerte. Cocinar durante 25 minutos aproximadamente.
▶ Retirar, desmoldar y comer cuando aún estén tibios.

SECRETITOS

▼ Quedan muy apetitosos, con una onda entre mediterránea y natural.
▼ También los pueden hacer con tomatines no muy maduros, bien chiquitos (3/4 de taza).

Scones de naranja y amapola

½ docena

INGREDIENTES

2 y ½ tazas de harina 0000
1 y ½ cucharadita de cremor tártaro
¾ de cucharadita de bicarbonato de sodio
¼ de cucharadita de sal
⅓ de taza de azúcar

3 cucharadas de semillas de amapola
¾ de taza de manteca
1 huevo
Ralladura de 1 naranja
2 cucharadas de jugo de naranja

▶ Colocar en un bol la harina, el cremor tártaro, el bicarbonato, la sal, el azúcar y las semillas de amapola. Mezclar bien.
▶ Incorporar la manteca, el huevo, la ralladura y el jugo de naranja.
▶ Unir con las puntas de los dedos, sin amasar, para formar una masa grumosa.
▶ Volcarla sobre la mesada y aplanarla presionando suavemente con las manos.
▶ Cortar los *scones* con un cortapastas de 5 cm de diámetro.
▶ Apoyarlos sobre una placa enmantecada y enharinada.
▶ Llevar al horno precalentado, de moderado a fuerte. Cocinar durante 25 minutos aproximadamente, hasta que al pincharlos con un palillo éste salga seco.

SECRETITO
▼ Una versión novedosa para un gran clásico de la repostería que convierte la hora del té en una fiesta.

Scones de harina integral

½ docena

INGREDIENTES

1 taza de harina leudante
2 cucharaditas de polvo
  para hornear
Nuez moscada
2 tazas de harina integral
¾ de taza de leche
2 cucharadas de miel
45 gramos de manteca derretida
Leche para pintar
Granos de avena para espolvorear

- Tamizar la harina leudante con el polvo para hornear y la nuez moscada.
- Agregarle la harina integral.
- Combinar la leche con la miel y la manteca derretida.
- Unir esta mezcla con los ingredientes secos, sin amasar demasiado.
- Dividir la masa en seis partes iguales.
- Formar bollos algo achatados, sin emparejarlos demasiado.
- Apoyarlos sobre una placa enmantecada.
- Hacerles un corte en cruz en la superficie. Pincelarlos con leche y espolvorearlos con avena.
- Cocinarlos de 15 a 20 minutos en el horno precalentado, moderado.

SECRETITOS

▼ Son bien diferentes y muy ricos para el desayuno o la merienda.

▼ Les sugiero que los sirvan con manteca, mermelada y algún quesito, porque admiten acompañamientos dulces y salados.

Scones de queso

1 docena

INGREDIENTES

1/2 kilo de harina 0000
2 cucharaditas de polvo
 para hornear
1 puñado de sal
100 gramos de manteca
250 gramos de queso *gruyère* rallado
3 cucharadas gordas
 de crema de leche
Leche

▶ Mezclar en un bol la harina, el polvo para hornear y la sal.
▶ Incorporar la manteca fría en trocitos, trabajando apenas lo necesario para integrarla un poco, sin deshacerla.
▶ Tratando de no tocar demasiado la masa, agregar el queso *gruyère*, la crema y algo de leche, de a poquito, hasta formar una masa blanda pero con la consistencia necesaria para poder estirarla.
▶ Poner el bollo sobre la mesada. Aplastarlo con el palote hasta dejarlo de 2 dedos de alto.
▶ Cortar los *scones* con un cortapastas de 5 cm de diámetro, enharinado. Acomodarlos en placas enmantecadas y enharinadas.
▶ Llevar al horno precalentado, de moderado a fuerte. Cocinar durante 25 minutos aproximadamente.

SECRETITO
▼ No hay nada mejor que comerlos bien calentitos.

Budines

Budín especial de tía Gilda

10 porciones

INGREDIENTES

250 gramos de harina
125 gramos de azúcar
1/2 cucharada de polvo para hornear
1 pizca de canela
1 pizca de sal
125 gramos de manteca
2 huevos
1 copa de oporto
Fruta seca y confitada, a gusto

▶ Combinar la harina con el azúcar, el polvo para hornear, la canela y la sal.
▶ Batir bien la manteca con los huevos y el oporto.
▶ Unir las dos mezclas e incorporar la fruta.
▶ Colocar la preparación en un molde para budín inglés enmantecado y enharinado.
▶ Cocinar en horno precalentado, moderado, durante 45 minutos.
▶ Retirar, desmoldar y dejar enfriar.

SECRETITOS

▼ Es tan, pero tan réquete fácil que se presta para darle una sorpresa a la familia en cualquier momento.
▼ También van a quedar como reinas si se lo llevan de regalo a una amiga la próxima vez que vayan de visita.
▼ Pueden ponerle pasas de uva, almendras, cáscara de naranja confitada, piñones, nueces... en fin, lo que ustedes y los suyos prefieran.

Budín con chocolate Toblerone

8 porciones

INGREDIENTES

3/4 de taza de manteca a temperatura ambiente
1 y 1/2 taza de azúcar
3 huevos
1/4 de taza de café fuerte
2/3 de taza de crema de leche
Esencia de vainilla
1 y 1/2 taza de harina
3/4 de taza de cacao amargo
1 y 1/2 cucharadita de polvo para hornear
400 gramos de chocolate Toblerone

▶ Batir la manteca con el azúcar.
▶ Incorporar los huevos de a uno por vez.
▶ Agregar el café frío y la crema de leche.
▶ Perfumar con la esencia de vainilla.
▶ Unir con los ingredientes secos tamizados y la mitad del chocolate en trocitos.
▶ Volcar la preparación en una budinera enmantecada y enharinada.
▶ Cocinar en el horno, a temperatura moderada, durante 1 hora y 20 minutos.
▶ Retirar y desmoldar.
▶ Decorar la superficie con el chocolate restante separado en triangulitos.

SECRETITOS
▼ Coloquen los triangulitos de chocolate sobre el budín cuando aún esté caliente, para que la base se derrita apenas y queden adheridos.
▼ Es divertido armar una montaña encimando tres budines.

Budín de banana y chocolate

10 porciones

INGREDIENTES

250 gramos de manteca
1 y 1/2 taza de azúcar rubia
4 huevos
2 tazas de puré de bananas
200 gramos de chocolate
3 tazas de harina leudante
1 cucharadita de bicarbonato
   de sodio
Azúcar impalpable para espolvorear

- Batir la manteca con el azúcar rubia hasta obtener una crema.
- Agregar los huevos de a uno y continuar batiendo con batidor de alambre.
- Incorporar el puré de bananas y el chocolate derretido; seguir mezclando.
- Por último, añadir la harina cernida con el bicarbonato.
- Colocar la preparación en un molde Savarin N° 28, enmantecado y enharinado.
- Cocinar en el horno moderado durante 30 minutos.
- Dejar enfriar y desmoldar.
- Espolvorear con azúcar impalpable.

SECRETITOS

▼ Añádanle un chorrito de jugo de limón al puré de bananas para lograr óptimos resultados.
▼ La fórmula banana-chocolate es muy "tropicalosa" y tiene el éxito asegurado, porque les encanta a chicos y grandes.
▼ Para variar la presentación pueden rociar el budín con hilos de chocolate derretido en lugar de espolvorearlo con azúcar impalpable.

Budín de cacao y yogur
(Súper económico)
8 porciones

INGREDIENTES

50 gramos de manteca a
   temperatura ambiente
200 gramos de azúcar
1 huevo
50 gramos de cacao
Esencia de vainilla
1 vaso de leche
1 vaso de yogur natural
1 cucharadita de bicarbonato
   de sodio
100 gramos de harina
Azúcar impalpable o glasé
   para cubrir

▶ Batir la manteca con el azúcar.
▶ Incorporar el huevo, el cacao, la vainilla, la leche mezclada con el yogur y el bicarbonato. Agregar la harina poco a poco.
▶ Colocar la mezcla en una budinera de 22 cm, enmantecada y enharinada.
▶ Cocinar en horno, a temperatura moderada, durante 45 minutos.
▶ Desmoldar y dejar sobre rejilla.
▶ Espolvorear con azúcar impalpable o cubrir con glasé blanco.

SECRETITO
▼ Les aconsejo tamizar bien el cacao antes de incorporarlo.
▼ Este budín nos puede sacar de apuros para tomar el té cuando recibimos visitas sorpresivas y nuestro presupuesto es ajustado.

Budín de yogur y pasas de uva

10 porciones

INGREDIENTES

1 taza de pasas de uva rubias
Marsala
3 huevos grandes
½ taza de azúcar
Ralladura de limón
2 tazas de yogur entero
5 cucharadas de manteca derretida
  y fría
3 tazas de harina
1 cucharada de polvo para hornear
Azúcar impalpable para espolvorear

- Remojar las pasas de uva en suficiente marsala durante 20 minutos.
- Escurrirlas y dejarlas secar sobre papel absorbente.
- Batir los huevos con el azúcar a punto letra.
- Agregar la ralladura de limón, el yogur y la manteca derretida.
- Incorporar la harina y el polvo para hornear.
- Añadir las pasas, mezclando suavemente.
- Poner en una budinera enmantecada y enharinada.
- Hornear de 40 a 50 minutos.
- Retirar y dejar enfriar.
- Espolvorear con azúcar impalpable.

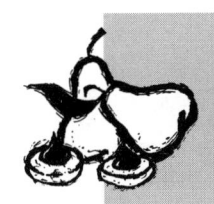

SECRETITO
▼ Es una receta italiana, muy buena para tomar el té.

Budín de ciruelas

10 porciones

INGREDIENTES

1 taza de ciruelas secas, sin carozo
1 taza de azúcar
1/2 cucharadita de canela
1/2 cucharadita de clavo de olor
1 pizca de sal
1/3 de taza de manteca
1 taza de agua caliente
2 tazas de harina
1 cucharadita de polvo para hornear
1 huevo

▶ Colocar en una cacerola las ciruelas cortadas en trozos pequeños, el azúcar, la canela, el clavo de olor, la sal, la manteca y el agua caliente.
▶ Cocinar lentamente hasta que las ciruelas estén tiernas.
▶ Dejar enfriar unos 30 minutos.
▶ Tamizar juntos la harina y el polvo para hornear.
▶ Agregar los ingredientes secos a la mezcla de ciruelas, gradualmente y revolviendo con suavidad hasta homogeneizar.
▶ Unir con el huevo batido.
▶ Poner la preparación en un molde para budín inglés, enmantecado y enharinado.
▶ Llevar al horno precalentado, de moderado a fuerte. Cocinar durante 40 minutos aproximadamente.
▶ Retirar, desmoldar y dejar enfriar.

SECRETITO
▼ Es muy húmedo e ideal para el desayuno, untado con manteca.

Budín de limón
2 de 12 porciones

INGREDIENTES

800 gramos de harina
200 gramos de fécula de maíz
8 cucharaditas de polvo
   para hornear
12 yemas
600 gramos de azúcar
800 cc de crema de leche
Esencia de vainilla
Ralladura y jugo de 2 limones
12 claras

- Mezclar los ingredientes secos y tamizarlos.
- Combinar las yemas con el azúcar, la crema, la esencia, la ralladura y el jugo de limón.
- Batir con batidora eléctrica a punto cinta, cuidando que no se corte la crema.
- Agregar los ingredientes secos y por último las claras batidas a nieve, despacio y en forma envolvente.
- Distribuir la preparación en dos moldes grandes para budín inglés, enmantecados y enharinados.
- Llevar al horno, a temperatura moderada, y cocinar de 40 a 50 minutos.

SECRETITOS

▼ El budín con crema es totalmente diferente del que lleva manteca, pero les reitero que tengan cuidado al trabajarlo. Hay que batir lo suficiente para alcanzar el punto y estar muy atentas, ¡a no pasarse!

▼ Bueno, no se asusten con tantas prevenciones y no dejen de hacerlo, porque es muy delicado y rendidor.

Budín de zanahorias y almendras

10 porciones

INGREDIENTES

4 huevos grandes
1 taza de azúcar rubia
1 taza de azúcar común
1 taza de aceite
2 cucharadas de coñac
2 y 1/2 tazas de zanahorias ralladas
2 cucharadas de esencia de vainilla
Ralladura de 2 naranjas
1 taza de pasas de uva rubias

1 taza de almendras tostadas
y procesadas
2 tazas de harina 0000
2 cucharaditas de bicarbonato
de sodio
1 cucharada de polvo
para hornear
2 cucharaditas de canela

- Batir los huevos con las dos clases de azúcar a punto letra.
- Incorporar el aceite en forma de hilo, con movimientos envolventes.
- Agregar el coñac, las zanahorias, la esencia y la ralladura de naranja.
- Añadir las almendras junto con las pasas.
- Unir con la harina cernida con el bicarbonato, el polvo para hornear y la canela.
- Colocar en una budinera enmantecada y enharinada.
- Llevar al horno precalentado, moderado. Cocinar durante 50 minutos o un poco más. Pinchar con un palito de *brochette* para verificar que esté listo.

SECRETITO
▼ No se lo pierdan porque es delicioso. Y si no les gusta la zanahoria, despreocúpense, porque no la van a detectar.

Budín de zapallo y pasas de uva

2 de 10 porciones

INGREDIENTES

1 taza de harina común
1 cucharadita de polvo para hornear
2 cucharaditas de bicarbonato de sodio
2 cucharaditas de canela
1 cucharadita de jengibre
1 cucharadita de sal
1 taza de harina integral
1 taza de harina de maíz gruesa

2 tazas de azúcar rubia
1 y 1/2 taza de puré de zapallo bien seco
1 taza de yogur descremado, de vainilla o natural
1/3 de taza de aceite de nuez
2 huevos grandes
2 claras
2 tazas de pasas de uva

▶ Tamizar la harina blanca junto con el polvo para hornear, el bicarbonato, la canela, el jengibre y la sal. Agregar la harina integral, la de maíz y el azúcar rubia. Mezclar bien.
▶ En otro bol combinar el puré de zapallo con el yogur, el aceite, los huevos y las claras.
▶ Unir con los ingredientes secos y por último añadir las pasas.
▶ Repartir en dos moldes para budín inglés enmantecados y enharinados.
▶ Llevar al horno precalentado, moderado. Cocinar de 55 a 65 minutos
▶ Retirar y dejar reposar 5 minutos antes de desmoldar.

SECRETITOS
▼ Como siempre les digo, estas combinaciones quedan muy buenas aunque a veces uno no se anima a probarlas.
▼ Les aconsejo cocinar el zapallo en el horno o en microondas para que quede bien seco.

Budín o muffins con chips de chocolate

10 porciones

INGREDIENTES

3 tazas de harina 0000
1 cucharadita de polvo
   para hornear
1/4 de cucharadita de bicarbonato
   de sodio
1 pizca de sal
2 y 1/2 tazas de chips de chocolate
225 gramos de manteca blanda

2 tazas + 2 cucharadas de azúcar
4 huevos grandes
1 yema grande
Esencia de vainilla
1 taza + 2 cucharadas
   de crema de leche
Azúcar impalpable
   para espolvorear

▶ Cernir los ingredientes secos. Combinarlos en un bol con los chips de chocolate.
▶ En otro bol batir la manteca con el azúcar durante 4 minutos.
▶ Añadir los huevos de a uno.
▶ Agregar la yema y perfumar con la esencia.
▶ Incorporar los ingredientes secos, en tres veces, alternando con la crema.
▶ Colocar la preparación en una budinera enmantecada y enharinada, o repartirla en moldes para *muffins*.
▶ Llevar al horno precalentado, moderado. Cocinar de 55 a 60 minutos si es un budín, o alrededor de 30 minutos si son *muffins*.
▶ Retirar, desmoldar y dejar enfriar.
▶ Espolvorear con azúcar impalpable.

SECRETITO
▼ El budín es más paquetón para el té con amigas, y los *muffins* son más prácticos para la merienda de los chicos.

Budín con membrillos

8 porciones

INGREDIENTES

PREPARACIÓN DE MEMBRILLOS
2 membrillos grandes
2 tazas de agua
3/4 de taza de azúcar
1/2 taza de miel
2 cucharaditas de jugo
   de limón
1 rama de canela
1 vaso de oporto

BUDÍN
1/2 taza de manteca blanda
1 y 1/2 taza de azúcar
1 yema
3 huevos grandes
1/4 de cucharadita de canela
1 cucharadita de esencia de vainilla
1 y 3/4 taza de harina
1/2 taza de crema de leche

- Pelar los membrillos y cortarlos en trocitos.
- Ponerlos en una cacerola junto con todos los demás ingredientes de la preparación.
- Cocinarlos lentamente 2 horas o un poquito más, hasta que tomen color anaranjado.
- Dejarlos enfriar y escurrirlos muy bien.
- Para hacer el budín, batir la manteca con el azúcar.
- Incorporar la yema y los huevos de a uno.
- Aromatizar con la canela y la vainilla.
- Agregar la harina y la crema en forma alternada.
- Añadir los membrillos fríos y sin jugo.
- Colocar en una budinera de 20 cm, enmantecada y enharinada.
- Llevar al horno precalentado, moderado. Cocinar de 50 a 60 minutos aproximadamente. Dejar enfriar y desmoldar.

SECRETITO
▼ Cuando no sea época de membrillos frescos, pueden optar por trocitos de dulce o pedacitos de membrillos en almíbar, de los que vienen en frasco.

Budín streusel con amapola

10 porciones

INGREDIENTES

2 y 1/3 tazas de harina 0000
1 y 1/2 cucharadita de polvo para hornear
1 cucharadita de bicarbonato de sodio
1 pizca de sal
165 gramos de manteca a temperatura ambiente
1 taza + 2 cucharadas de azúcar
2 huevos grandes
1 taza de crema de leche
1/4 de taza de jugo de naranja
2 cucharaditas de ralladura de naranja
1 cucharadita de esencia de vainilla
60 gramos de semillas de amapola

STREUSEL
6 cucharadas de azúcar
6 cucharadas de harina 0000
1/4 de taza de manteca blanda
1/2 cucharadita de canela

▶ Enmantecar y enharinar un molde redondo desmontable con tubo central, o uno para budín inglés.
▶ Cernir dos veces la harina con el polvo para hornear, el bicarbonato y la sal.
▶ Batir la manteca con el azúcar.
▶ Incorporar los huevos de a uno.
▶ Añadir la crema, el jugo y la ralladura de naranja.
▶ Perfumar con la vainilla.
▶ Unir con los ingredientes secos.
▶ Por último, agregar las semillas de amapola.
▶ Colocar el preparado en el molde.
▶ Hornear durante 25 minutos.
▶ Mezclar los ingredientes del *streusel* hasta que se formen grumos. Espolvorear el budín.
▶ Cocinar 20 minutos más.
▶ Desmoldar y dejar enfriar.

SECRETITO
▼ Les va a encantar a los que aman el estilo centroeuropeo en repostería.

Kouglof

8 porciones

INGREDIENTES

FERMENTO
22 gramos de levadura fresca
90 gramos de harina
Leche tibia
BUDÍN
40 gramos de pasas de uva
1/4 de taza de Cointreau
260 gramos de harina
4 huevos
Leche tibia

50 gramos de azúcar impalpable
1 pizca de sal
1 cucharada de agua
175 gramos de manteca
Clara para pincelar
150 gramos de almendras tostadas
ALMÍBAR
1 taza de jugo de naranja
3 cucharadas de miel

◗ Hacer el fermento mezclando la levadura con la harina y la cantidad de leche tibia necesaria para formar una masa. Dejarlo leudar.
◗ Remojar las pasas en el Cointreau.
◗ Poner la harina en un bol, hacer un hoyo en el centro y colocar allí 2 huevos mezclados con un poquito de leche tibia.
◗ Disolver el azúcar impalpable y la sal en el agua. Volcar en el centro de la harina.
◗ Incorporar el fermento y comenzar a mezclar.
◗ Añadir la manteca blanda, los otros 2 huevos y las pasas escurridas.
◗ Trabajar la masa hasta que adquiera una consistencia similar a la de una torta. Dejarla leudar hasta que duplique el volumen.
◗ Colocarla en una budinera acanalada con tubo central. Dejarla leudar nuevamente.
◗ Pincelar con clara los bordes de la budinera y de la masa. Adherir las almendras.
◗ Cocinar en el horno precalentado, moderado, durante 30 minutos aproximadamente.
◗ Desmoldar y bañar con un almíbar hecho con el jugo de naranja y la miel.

SECRETITOS
▼ Es muy importante seguir bien los pasos, para lograr la suavidad característica de este gran clásico.
▼ Les sugiero que lo adornen con cascaritas de naranja y lo acompañen con crema inglesa (página 239).

Christmas tree

24 porciones

INGREDIENTES

1 taza de damascos secos
1 taza de dátiles sin carozo
1 taza de pasas de uva rubias
1 taza de cáscara de naranja confitada
1 taza de castañas en almíbar, escurridas
1 taza de licor Benedictine
8 huevos

2 tazas de azúcar
4 tazas de nueces tostadas
4 tazas de almendras tostadas
260 gramos de harina 0000
50 gramos de harina leudante
1 cucharadita de polvo para hornear
1 cucharadita de sal
Esencia de vainilla

❯ Macerar las frutas en el licor. Escurrirlas y reservar el licor.
❯ Batir los huevos con el azúcar.
❯ Agregar las frutas maceradas, las nueces y las almendras, todas pasadas por harina.
❯ Incorporar las harinas tamizadas con el polvo para hornear y la sal.
❯ Aromatizar con la esencia de vainilla.
❯ Enmantecar y enharinar tres budineras acanaladas con tubo central, de diferentes tamaños.
❯ Distribuir en ellas la mezcla.
❯ Hornear durante 1 hora aproximadamente.
❯ Retirar los budines y mojarlos con el licor reservado.
❯ Dejarlos reposar sobre una rejilla.
❯ Luego acomodar un budín sobre otro, de mayor a menor, formando un arbolito.

SECRETITO
▼ Conviene que todos los moldes tengan la misma altura y diámetros de 15, 20 y 25 cm aproximadamente.

Tortas

Torta galesa

16 porciones

INGREDIENTES

500 gramos de manteca derretida y fría
500 gramos de azúcar negra
10 huevos
1 y 1/2 cucharada de licor Grand Marnier
1/2 taza de jugo de naranja
Jugo de 1 limón
2 cucharadas de ralladura de naranja
1 cucharada de ralladura de limón
250 gramos de mermelada de naranja
3 manzanas
1 cucharada de canela
1 kilo de pasas de uva negras
350 gramos de pasas de uva rubias
250 gramos de dátiles picados
500 gramos de ciruelas secas picadas
250 gramos de damascos secos picados
250 gramos de cáscara de naranja confitada picada
5 tazas aproximadamente de harina 0000

- Batir la manteca con el azúcar negra hasta obtener una crema.
- Agregar los huevos de a uno, batiendo cada vez.
- Añadir el licor y los jugos de naranja y limón.
- Incorporar las ralladuras de cítricos, la mermelada, las manzanas ralladas y la canela.
- Pasar por harina todas las frutas y agregarlas junto con la harina.
- Mezclar bien para integrar todo.
- Forrar un molde N° 28 con papel manteca enmantecado y enharinado.
- Volcar en él la preparación.
- Cocinar en horno, a temperatura moderada, durante 6 horas aproximadamente, hasta que al pinchar el centro con un palillo éste salga seco.
- Desmoldar, dejar enfriar y adornar con frutas secas enteras.

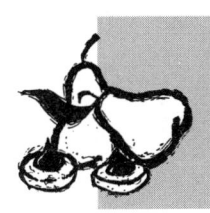

SECRETITO

▼ Envuelta en papel de aluminio se conserva muchísimo tiempo.

Torta rápida de ciruelas

8 porciones

INGREDIENTES

1 taza de ciruelas secas tipo Presidente, sin carozo
2/3 de taza de jugo de la cocción de las ciruelas
2 y 1/2 tazas de harina
1 y 1/2 taza de azúcar
1 cucharadita de sal
1 cucharadita de canela

1/4 de cucharadita de bicarbonato de sodio
1 cucharadita de clavo de olor
1 cucharadita de nuez moscada
1/2 taza de aceite
3 huevos
1/2 taza de nueces picadas

- Colocar las ciruelas en una cacerolita con agua que las cubra.
- Llevar al fuego y cocinar hasta que estén tiernas. Retirarlas y dejarlas enfriar.
- Escurrirlas, reservando la cantidad indicada de jugo, y picarlas.
- Tamizar la harina con el azúcar, la sal, el bicarbonato y las especias, dejando caer todo dentro de un bol grande.
- Agregar las ciruelas, el jugo de la cocción, el aceite, los huevos y las nueces, en ese orden y mezclando siempre.
- Batir bien para unir y lograr una textura liviana.
- Enmantecar un molde redondo N° 26 o uno rectangular de 20 por 30 cm.
- Colocar dentro la preparación.
- Llevar al horno, a temperatura moderada, y cocinar durante 40 minutos aproximadamente.

SECRETITO
▼ Se puede servir con el té o de postre, acompañada con crema.

Torta de coco y dulce de leche
15 porciones

INGREDIENTES

16 huevos
480 gramos de azúcar
500 gramos de manteca
1,200 kilo de coco rallado
400 gramos de harina
4 cucharaditas de esencia de vainilla
1 y 1/2 kilo de dulce de leche
   pastelero

- Batir los huevos con el azúcar a punto letra.
- Derretir la manteca y dejarla enfriar.
- Mezclar el coco rallado con la harina tamizada.
- Incorporar al batido de huevos los ingredientes secos y la manteca derretida, en forma alternada y muy suavemente, para que no se baje.
- Poner en un molde N° 30 la mitad de la preparación, extender sobre ésta el dulce de leche y cubrir con otra parte de la mezcla, dejándola lisa en el centro; colocar el resto en una manga y formar coquitos alrededor.
- Llevar al horno precalentado, moderado. Cocinar durante 1 y 1/2 hora, hasta que esté firme.
- Dejar enfriar bien antes de cortar.

SECRETITOS
▼ Es importante utilizar dulce de leche pastelero.
▼ Respeten el tiempo de cocción y no se asusten si los coquitos se doran demasiado.
▼ La dedico a mis amigas Perica y Valeria.

Torta mágica
10 porciones

INGREDIENTES

4 yemas - yolks (Bud)
150 gramos azúcar impalpable
75 gramos de chocolate para taza
250 gramos de castañas en almíbar — Chestnuts / syrup
4 claras — Egg whites

- Batir las yemas con el azúcar impalpable.
- Trozar el chocolate. Ponerlo en un jarrito y derretirlo a baño de María. Dejarlo enfriar.
- Escurrir las castañas y procesarlas.
- Incorporarlas al batido de yemas, junto con el chocolate.
- Integrar bien todo, mezclando suavemente.
- Por último añadir las claras batidas a nieve, uniendo con movimientos envolventes.
- Colocar la preparación en un molde N° 26.
- Llevar al horno precalentado, moderado. Cocinar durante 30 minutos aproximadamente.
- Retirar, desmoldar y dejar enfriar.

SECRETITOS

▼ Esta maravillosa torta es realmente una creación para lucirse. Demuestra que con pocos ingredientes bien seleccionados, una técnica adecuada y ganas de hacer algo fuera de lo común... ¡todo es posible! Sigan las indicaciones, que son muy sencillas, y les garantizo que van a cosechar aplausos.

▼ La pueden rellenar con crema o helado y bañar con chocolate.

▼ Sola también es riquísima, porque queda muy húmeda.

Cheesecake de naranja (pág. 121)

1 Trenza rellena con grosellas (pág. 144)
2 Pan con *chips* de chocolate (pág. 141)

❷

1 **Linzer diferente** (pág. 195)
2 **Mini tartas de frambuesas** (pág. 196)

❷

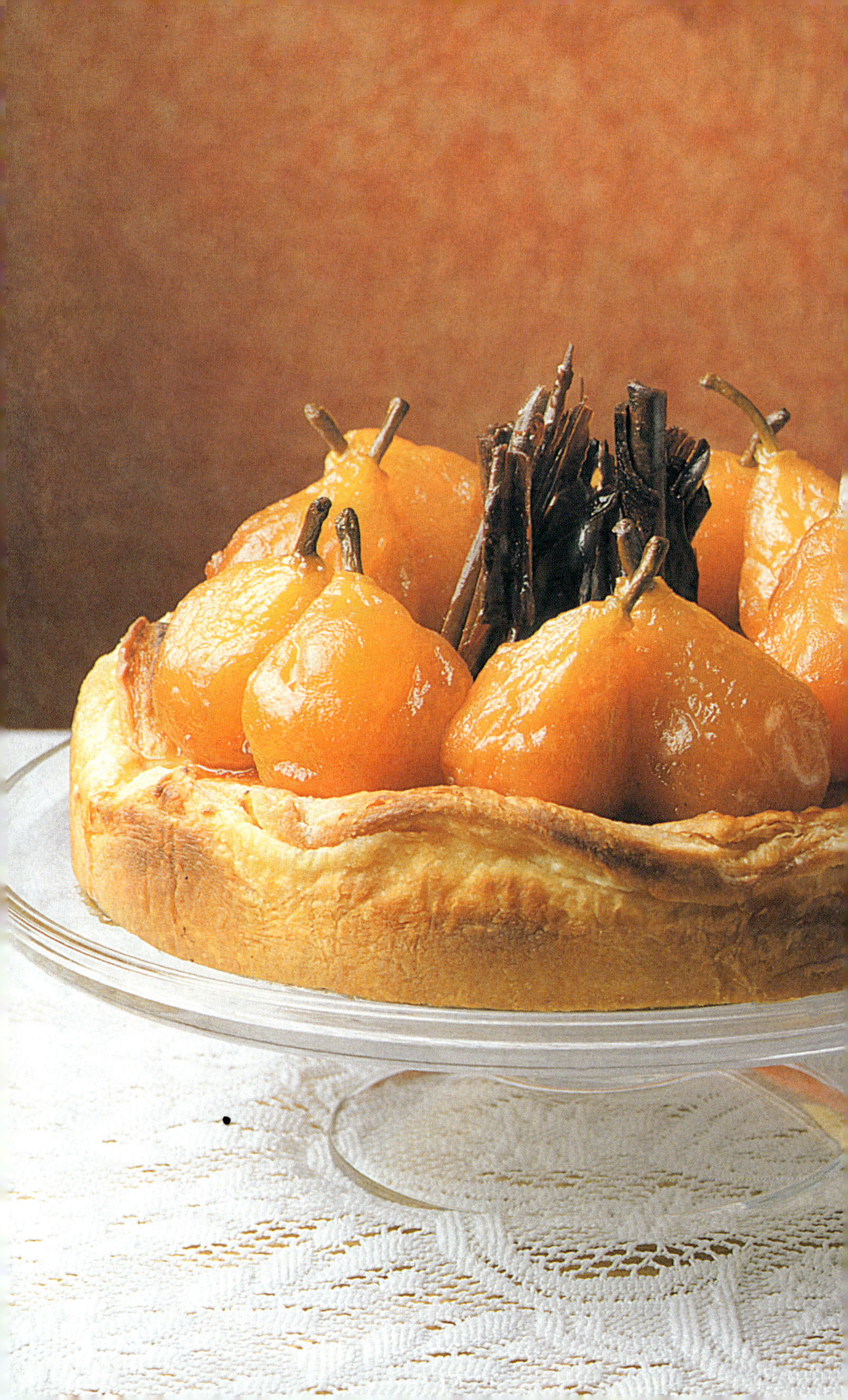

Torta de peras y hojaldre (pág. 161)

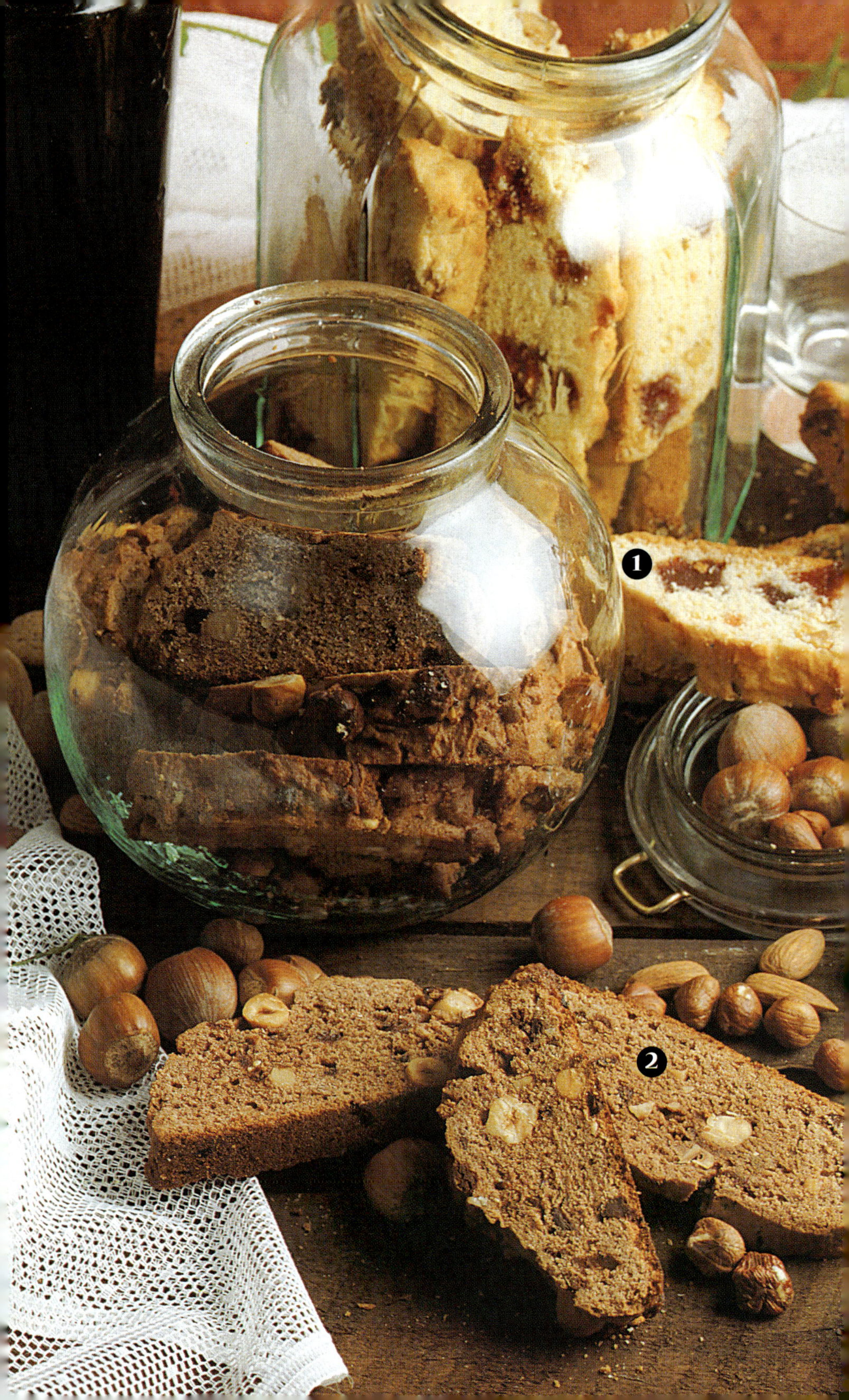
1
2

① *Biscottini* de praliné (pág. 55)
② *Biscottini* de cioccolato (pág. 49)
③ *Biscottini* de naranja y almendras (pág. 53)

①

1 **Budín con chocolate Toblerone** (pág. 78)
2 **Budín *streusel* con amapola** (pág. 88)

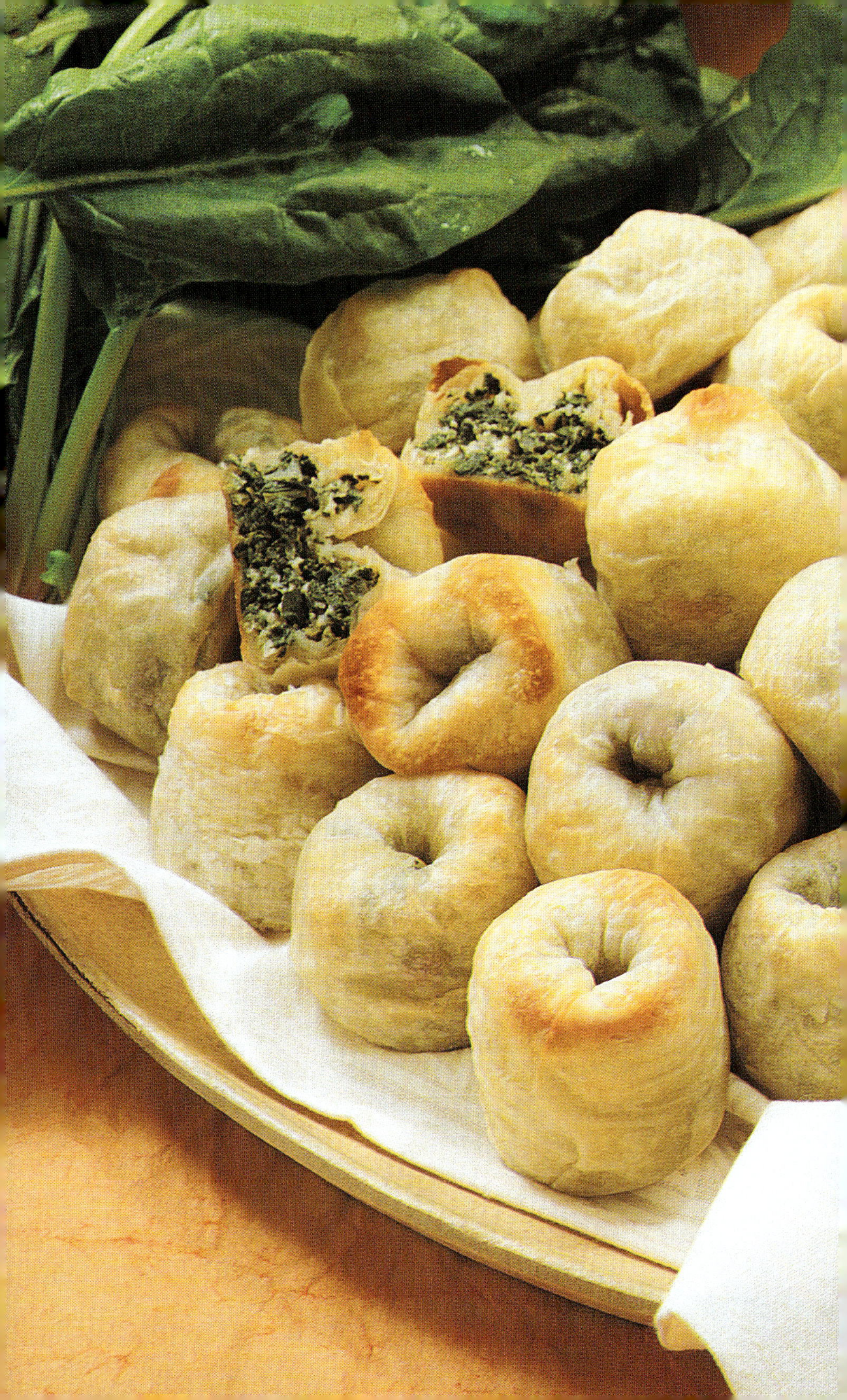

Knishes (pág. 180)

Focaccia con panceta y romero (pág. 137)

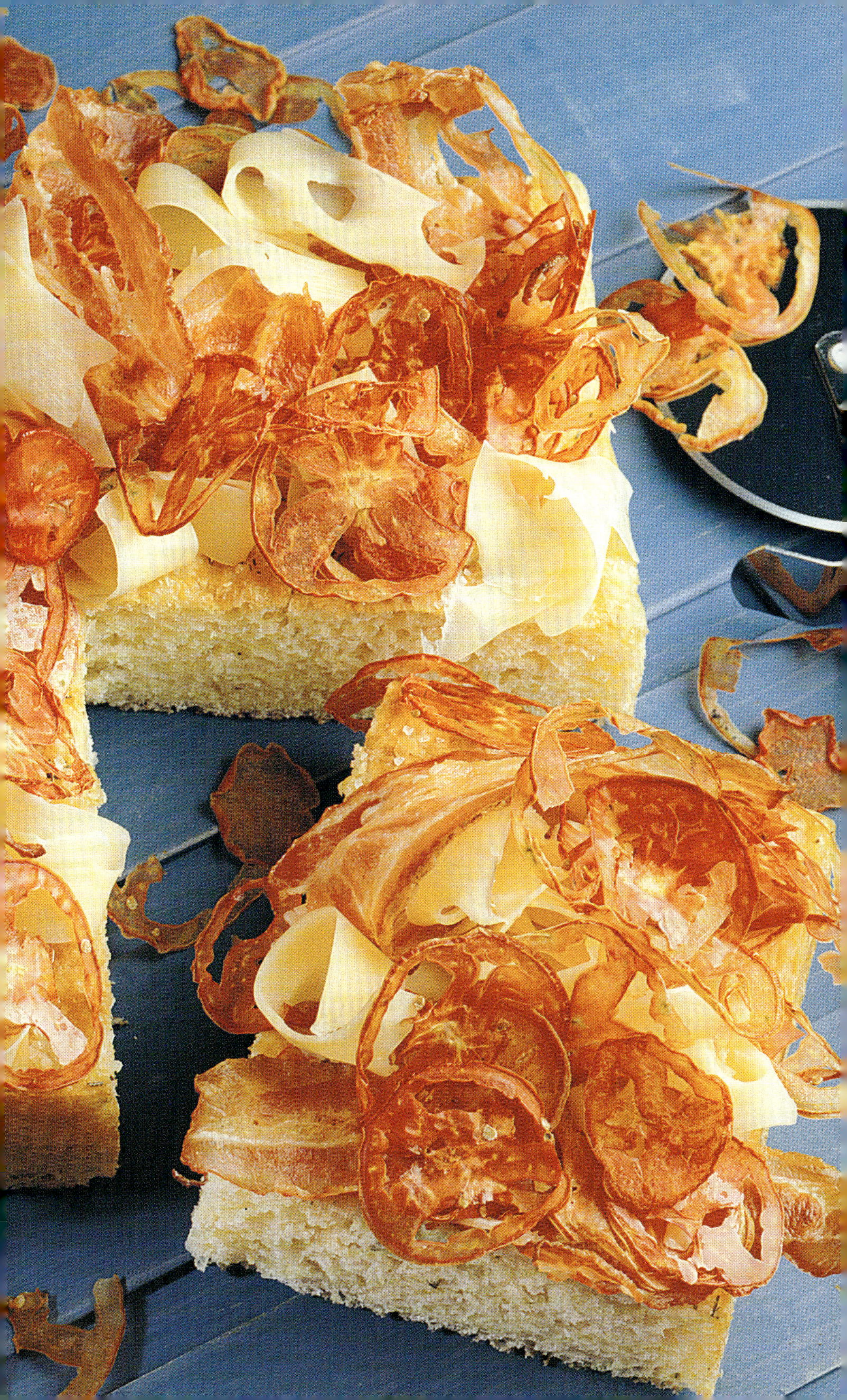

Terrine arrollada de vegetales y *mozzarella* (pág. 229)

Torta espectacular

10 porciones

INGREDIENTES

6 yemas
7 cucharadas de azúcar
150 gramos de nueces o almendras
   tostadas y procesadas
16 bizcochos secos molidos
1 cucharada de polvo para hornear

6 claras
250 gramos de dulce de leche
   pastelero
150 gramos de chocolate
   semiamargo
250 gramos de dulce de leche común

▶ Batir las yemas con el azúcar.
▶ Mezclar las nueces o almendras con los bizcochos molidos y el polvo para hornear.
▶ Incorporar los ingredientes secos al batido de yemas y azúcar.
▶ Añadir las claras batidas a nieve, uniendo suavemente con movimientos envolventes.
▶ Poner la preparación dentro de un molde N° 26, enmantecado y enharinado.
▶ Llevar al horno, a temperatura baja. Cocinar durante 40 minutos.
▶ Retirar, desmoldar y dejar enfriar.
▶ Cubrir la torta con el dulce de leche pastelero.
▶ Trozar el chocolate y derretirlo a baño de María. Unirlo con el dulce de leche común, revolviendo para que se integre bien.
▶ Bañar la torta con esta cobertura y dejar secar a temperatura ambiente.

SECRETITO
▼ Usen bizcochos del tipo de los que nos daban en la infancia cuando estábamos medio enfermos.

Torta de almendras
8 porciones

INGREDIENTES

50 gramos de manteca para el molde
50 gramos de bizcochos dulces
   molidos
8 yemas
250 gramos de azúcar impalpable
1 cucharadita de esencia de vainilla
Jugo de 1 limón
250 gramos de almendras tostadas
   y procesadas
8 claras
Azúcar impalpable extra
   para espolvorear

- Untar generosamente con la manteca un molde redondo o Savarin N° 26 y espolvorearlo con parte de los bizcochos molidos.
- Batir las yemas con 200 gramos de azúcar impalpable a punto letra.
- Agregar el resto de los bizcochos, uniendo en forma envolvente.
- Incorporar la esencia, el jugo de limón y las almendras procesadas.
- Batir las claras a nieve con los otros 50 gramos de azúcar impalpable.
- Agregarlas mezclando con movimientos envolventes.
- Colocar la preparación dentro del molde.
- Hornear durante 55 minutos a temperatura moderada.
- Dejar enfriar, desmoldar y espolvorear con azúcar impalpable.

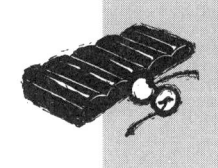

SECRETITO
▼ Pruébenla con crema de leche batida y frambuesas frescas o salsa de frambuesas. También la pueden hacer en un molde para budín.

Torta de chocolate
(Con relleno de su propia imaginación)

8 porciones

INGREDIENTES

400 gramos de chocolate
150 gramos de manteca
1 pizca de sal
8 yemas
8 cucharadas de azúcar
4 claras
Azúcar impalpable para espolvorear

- Derretir el chocolate junto con la manteca.
- Agregarle la sal y dejarlo enfriar.
- Batir las yemas con 6 cucharadas de azúcar hasta que tomen color claro.
- Incorporar en forma envolvente la mezcla de chocolate.
- Batir las claras a punto nieve con el azúcar restante y agregarlas, también con movimientos envolventes.
- Repartir la preparación en dos moldes N° 26.
- Hornear durante 15 minutos.
- Desmoldar, dejar enfriar y superponer, intercalando relleno a gusto.
- Espolvorear con azúcar impalpable.

SECRETITOS
▼ Es riquísima rellena con una buena capa de dulce de leche, crema chantillí y frutillas o frambuesas.
▼ No se olviden de lavar y secar perfectamente el batidor que emplearon para las yemas antes de usarlo para las claras.

Torta de chocolate hiperliviana

6 porciones

INGREDIENTES

175 gramos de chocolate
2 cucharadas de agua
5 yemas
150 gramos de azúcar
5 claras
Dulce de leche y crema de leche
  para rellenar

▶ Trozar el chocolate, ponerlo en un jarrito junto con el agua y derretirlo sobre fuego muy suave. Dejarlo enfriar.
▶ Batir las yemas con el azúcar.
▶ Agregarles el chocolate derretido.
▶ Batir las claras a punto nieve.
▶ Incorporarlas con movimientos envolventes a la mezcla de yemas y chocolate.
▶ Dividir la preparación en dos moldes N° 20 enmantecados y forrados con papel de aluminio enmantecado y enharinado.
▶ Cocinar en el horno precalentado, moderado.
▶ Una vez listos, retirar, desmoldar y dejar enfriar.
▶ Superponer rellenando con dulce de leche y crema batida sin azúcar.

SECRETITOS
▼ ¡Ojo! Como es hiperliviana, hay que tener cuidado cuando se unta y se arma, para que no se rompa.
▼ También pueden hacer tortitas individuales en moldes de 10 cm de diámetro, para rellenar con helado y servir con salsa de caramelo o de chocolate.

Torta mousse de chocolate

12 porciones

INGREDIENTES

270 gramos de chocolate
  semiamargo
210 gramos de chocolate con leche
1/2 taza de avellanas o almendras
3 cucharadas de manteca
1 taza de Nutella
6 huevos grandes
1/2 taza de azúcar

◗ Trozar los chocolates. Derretirlos juntos en un jarrito, a baño de María.
◗ Procesar las avellanas o almendras junto con la manteca hasta formar una crema.
◗ Incorporarla a los chocolates junto con la Nutella.
◗ Con batidora eléctrica batir los huevos durante 1 minuto más o menos.
◗ Incorporar el azúcar de a poco y batir 1 minuto más.
◗ Unir las dos preparaciones y poner en un molde.
◗ Hornear durante 1 hora y 10 minutos.
◗ Dejar enfriar en el molde durante 40 minutos y luego sobre una rejilla 30 minutos más.
◗ Acompañar con crema de leche batida y hojitas de menta, o con helados de crema y frambuesa.

SECRETITOS

▼ Es un manjar que se deshace en la boca.
▼ Las fórmulas simples suelen tener un gran encanto. La clave está en usar ingredientes de primera calidad.
▼ Acuérdense de buscar la Nutella en buenos supermercados.

Torta de chocolate bien italiana
6 porciones

INGREDIENTES

4 cucharadas de cacao
4 cucharadas de azúcar
2 y 1/3 de tazas de leche
90 gramos de manteca
1/2 taza de harina
1/2 taza de amaretti procesados
  a polvo
1 cucharada de azúcar impalpable

3 huevos
1/2 taza de marsala
SABAYÓN
10 yemas
14 cucharadas de azúcar
2 y 1/2 tazas de marsala
1/2 taza de agua fría
Gotas de jugo de limón

▶ Poner el cacao y el azúcar en un tazón. Verter 1/3 de taza de leche y revolver hasta que se disuelvan.
▶ Derretir la manteca en una cacerolita. Agregar la harina de golpe y mezclar. Cocinar 2 minutos. Retirar y dejar descansar 15 minutos.
▶ Calentar la leche restante. Incorporarla a la cacerolita junto con la mezcla de cacao.
▶ Llevar al fuego y revolver hasta que espese.
▶ Retirar y dejar enfriar un poco.
▶ Incorporar los *amaretti* y el azúcar impalpable.
▶ Unir con los huevos y el marsala.
▶ Verter en un molde y hornear a baño de María durante 40 minutos.
▶ Acompañar la torta con el sabayón y la crema chantillí.
▶ Para hacer el sabayón, mezclar los ingredientes en un bol.
▶ Llevar a baño de María cuidando que el fondo del bol no toque el agua caliente.
▶ Batir con un batidor bien grande hasta alcanzar un punto letra consistente.

SECRETITO
▼ No usen batidora eléctrica para el sabayón, porque engaña el punto.

Chocolate torta

8 porciones

INGREDIENTES

BASE
1/4 de taza de manteca
2 cucharadas de cacao
1/4 de taza de azúcar rubia
2 cucharadas de harina 0000
3/4 de taza de nueces procesadas
1 huevo
2 cucharaditas de esencia de vainilla
RELLENO
1/4 de taza de manteca
1 taza de azúcar rubia
1/4 de taza de miel
1/4 de taza de crema de leche
1 cucharadita de esencia de vainilla
1 cucharadita de jugo de limón
1 y 1/2 taza de nueces tostadas
GANACHE
1 y 1/4 taza de crema de leche
400 gramos de chocolate semiamargo

▶ Para hacer la base derretir la manteca y agregarle el cacao.
▶ Retirar del fuego y añadir el azúcar rubia, revolviendo.
▶ Incorporar la harina, las nueces, el huevo y la esencia de vainilla.
▶ Colocar en un molde desmontable N° 26.
▶ Hornear en el estante central del horno durante 10 minutos, hasta que esté firme.
▶ Para el relleno hacer un caramelo calentando la manteca con el azúcar rubia y la miel durante 10 minutos. Fuera del fuego agregar la crema de leche, la esencia de vainilla y el jugo de limón.
▶ Esparcir las nueces sobre la base. Poner sobre ellas la preparación anterior.
▶ Para la *ganache* calentar la crema a punto de ebullición y verterla sobre el chocolate en trocitos. Revolver con batidora eléctrica hasta homogeneizar. Cubrir el relleno.
▶ Enfriar en la heladera durante 4 horas.
▶ Desmoldar y dejar reposar 30 minutos a temperatura ambiente antes de servir.

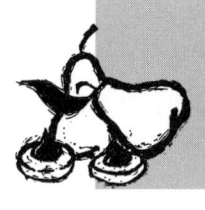

SECRETITO
▼ Es una torta original por la variedad de texturas, y queda linda decorada con rulos de chocolate con leche.

Torta alemana de duraznos

6 porciones

INGREDIENTES

100 gramos de manteca
100 gramos de azúcar
2 huevos
100 gramos de harina
5 duraznos frescos más bien duritos
 (si son priscos, mejor)
CUBIERTA
2 yemas
2 cucharadas de azúcar
2 claras
Azúcar impalpable para espolvorear

❱ Batir la manteca con el azúcar.
❱ Agregar los huevos de a uno.
❱ Por último incorporar la harina.
❱ Verter la preparación en un molde desmontable N° 22, enmantecado y enharinado.
❱ Acomodar encima los duraznos pelados, descarozados y cortados en gajos.
❱ Llevar al horno durante 15 minutos.
❱ Hacer la cubierta batiendo las yemas con el azúcar y uniendo suavemente con las claras batidas a nieve.
❱ Colocar sobre la torta y volver al horno 15 minutos más.
❱ Retirar y espolvorear con azúcar impalpable.

SECRETITOS
▼ Para mi gusto nos vamos a quedar cortos con la cantidad. ¡Habría que hacerla doble!
▼ Es súper liviana y también se puede hacer con ciruelas.

Torta a las dos manzanas

6 porciones

INGREDIENTES

3 huevos
2 tazas de azúcar
4 cucharadas de harina
1 cucharadita de polvo para hornear
1 y 1/2 taza de manzanas ralladas
 (verde y colorada)
1 y 1/2 taza de nueces y almendras
 procesadas
Azúcar para el caramelo

- Batir los huevos.
- Agregar el azúcar y luego la harina tamizada con el polvo para hornear.
- Añadir las manzanas ralladas y las frutas secas procesadas.
- Acaramelar un molde para flan N° 20.
- Colocar dentro la preparación.
- Llevar al horno precalentado, fuerte. Cocinar a baño de María durante 45 minutos aproximadamente.
- Dejar enfriar, desmoldar y servir con crema de leche batida a medio punto o crema inglesa (página 239).

SECRETITOS

▼ Rallen las manzanas con la parte gruesa del rallador de verduras, para que no queden hechas puré y le den consistencia a la torta.

▼ Queda bárbara la combinación de manzanas verdes y coloradas. Las verdes también se pueden mezclar con peras.

▼ Esta creación se puede disfrutar con el té o como postre.

Torta de peras

8 porciones

INGREDIENTES

5 peras
3 tazas de harina
1 y 1/2 cucharadita de polvo
para hornear
1 y 1/2 taza de azúcar
1/2 cucharadita de canela

150 gramos de manteca
3 huevos
1/2 taza de leche
Esencia de vainilla
Azúcar extra para espolvorear

▶ Pelar las peras y cortarlas en rebanadas.
▶ Combinar en un bol la harina, el polvo para hornear, el azúcar y la canela.
▶ Agregar la manteca, desmenuzarla e integrarla, trabajando con las puntas de los dedos hasta obtener un granulado.
▶ Mezclar los huevos con la leche. Perfumar con la esencia de vainilla.
▶ En un molde Nº 26 ir colocando en forma alternada las peras y el granulado.
▶ Verter encima la mezcla de huevos y leche, despacio, para que se escurra por los espacios libres.
▶ Espolvorear por arriba con más azúcar a gusto.
▶ Llevar al horno precalentado, moderado. Cocinar durante 50 minutos aproximadamente.

SECRETITO
▼ Con manzanas también es riquísima, fácil de hacer e ideal para comer tibia, con helado o crema de leche batida.

Torta de frangipane y peras

10 porciones

INGREDIENTES

4 y ½ tazas de agua
2 y ½ tazas + 1 y ¾ taza de azúcar
3 cucharadas de jugo de limón
¼ de cucharadita de esencia de vainilla

2 tazas de almendras tostadas
8 peras peladas, en mitades y sin semillas
6 huevos
1 cucharadita de esencia de vainilla

❱ Combinar el agua con 2 y ½ tazas de azúcar, el jugo de limón y la esencia de vainilla.
❱ Llevar al fuego hasta que el azúcar se disuelva y se forme un almíbar.
❱ Agregar y las peras y llevar a hervor.
❱ Bajar el fuego y cocinarlas hasta que estén tiernas pero no deshechas, dándolas vuelta una vez.
❱ Dejarlas enfriar en el mismo almíbar.
❱ Procesar las almendras con 1 y ¾ taza de azúcar para hacer la *frangipane*.
❱ Agregar los huevos y perfumar con la esencia de vainilla. Integrar bien todo.
❱ Colocar la mezcla dentro de un molde N° 28, enmantecado.
❱ Escurrir las peras, secarlas con papel absorbente y acomodarlas sobre la preparación, con la parte redondeada hacia arriba.
❱ Llevar al horno precalentado. Cocinar durante 1 hora, hasta que al insertar un palillo éste salga limpio.

SECRETITOS

▼ Sírvanla con 540 gramos de mermelada de damascos reducida, mezclada con ¼ de taza de ron oscuro, tibia.
▼ Pueden tapizar el molde con *pâte sucrée* (página 151) antes de poner la mezcla.

Torta invertida de peras y nueces

10 porciones

INGREDIENTES

3/4 de taza de azúcar y 3 cucharadas de agua para el caramelo
5 peras de consistencia firme
1 y 1/2 taza de harina
1 cucharada de polvo para hornear
1/4 de cucharadita de sal
6 cucharadas de leche
3 cucharadas de coñac
1 cucharada de ralladura de limón
1/2 taza + 1 cucharada de manteca
1 taza + 2 cucharadas de azúcar
2 huevos
6 cucharadas de nueces tostadas y procesadas

- Hacer un caramelo con el azúcar y el agua y colocarlo en un molde.
- Pelar las peras, cortarlas en tajadas y cubrir toda la base del molde.
- Cernir la harina con el polvo para hornear y la sal.
- Mezclar la leche con el coñac y la ralladura de limón.
- Batir la manteca con el azúcar.
- Incorporar los huevos de a uno.
- Agregar la leche, alternando con la harina.
- Por último añadir las nueces.
- Cubrir las peras con la preparación.
- Llevar al horno precalentado. Cocinar durante 50 minutos.
- Retirar y desmoldar en caliente, dejando las peras hacia arriba.

SECRETITO

▼ ¡Ojo con las peras!, que no estén muy maduras porque se cocinan rápidamente. Las pueden reemplazar por manzanas verdes.

Torta invertida de duraznos

10 porciones

INGREDIENTES

1 taza de azúcar rubia
100 gramos de manteca en trocitos
2 latas de duraznos en almíbar bien escurridos
1 y 1/3 taza harina
1 y 1/2 cucharadita de polvo para hornear

1 pizca de sal
120 gramos de manteca blanda
1 taza de azúcar común
2 huevos grandes a temperatura ambiente
Esencia de vainilla
1/2 taza de leche

▶ Derretir el azúcar rubia y la manteca en trocitos dentro de un molde N° 28, calentando de 3 a 4 minutos para acaramelar.
▶ Cortar los duraznos más chicos en trocitos y los más grandes en gajos.
▶ Acomodarlos en el fondo del molde, colocando los trocitos en el centro y los gajos alrededor.
▶ Tamizar la harina con el polvo para hornear y la sal.
▶ Batir la manteca blanda con el azúcar común a punto crema.
▶ Agregar los huevos de a uno, batiendo bien cada vez.
▶ Perfumar con la esencia de vainilla.
▶ Incorporar la mitad de la harina, la leche y el resto de la harina. Integrar bien todo.
▶ Colocar la preparación sobre los duraznos, llenando todos los huecos.
▶ Llevar al horno precalentado. Cocinar de 45 a 50 minutos.
▶ Desmoldar y dejar los duraznos hacia arriba.
▶ Acompañar con crema o helado.

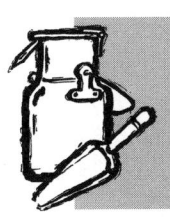

SECRETITO
▼ Queda muy rica si la emborrachan con 1 vaso de oporto antes de desmoldarla.

Torta invertida de cerezas y chocolate

8 porciones

INGREDIENTES

3/4 de taza de azúcar rubia
60 gramos de manteca en trocitos
2 tazas de cerezas frescas
(o en almíbar, bien escurridas)
1 y 1/3 taza de harina 0000
1 y 1/2 cucharadita de polvo
para hornear
1 pizca de sal

120 gramos de manteca blanda
1 taza de azúcar común
2 huevos grandes a temperatura
ambiente
1 y 1/2 cucharadita de esencia
de vainilla
1/2 taza de leche
3/4 de taza de chips de chocolate

▶ Poner el azúcar rubia y la manteca en trocitos dentro de un molde Nº 26. Calentar de 3 a 4 minutos, hasta que se derritan y formen un caramelo.
▶ Descarozar las cerezas y ubicarlas en el fondo del molde acaramelado.
▶ Cernir la harina con el polvo para hornear y la sal.
▶ Batir la manteca blanda con el azúcar común a punto crema.
▶ Agregar los huevos de a uno, batiendo bien después de cada adición. Aromatizar con la esencia de vainilla.
▶ Incorporar en forma envolvente la mitad de la harina y luego el resto, alternando con la leche.
▶ Por último agregar los chips de chocolate.
▶ Cubrir las cerezas con la preparación.
▶ Cocinar en horno precalentado, de moderado a fuerte, durante 40 minutos aproximadamente.
▶ Desmoldar y dejar las cerezas hacia arriba.
▶ Servir tibia, con helado.

SECRETITO
▼ Si usan cerezas en almíbar, fíjense que no sean de un rojo chillón, sino las oscuras, que no tienen ese color artificial.

Torta invertida de frambuesas y chocolate blanco

8 porciones

INGREDIENTES

3/4 de taza de azúcar rubia
60 gramos de manteca en trocitos
2 tazas de frambuesas frescas
1 y 1/3 taza de harina 0000
1 y 1/2 cucharadita de polvo
   para hornear
1 pizca de sal
120 gramos de manteca blanda

1 taza de azúcar común
2 huevos a temperatura ambiente
1 y 1/2 cucharadita de esencia
   de vainilla
1/2 taza de leche
60 gramos de chocolate blanco
   en trocitos

▶ Hacer un caramelo derritiendo el azúcar rubia y la manteca en trocitos dentro de un molde N° 26.
▶ Ubicar las frambuesas en el fondo.
▶ Tamizar la harina con el polvo para hornear y la sal.
▶ Batir la manteca blanda con el azúcar a punto pomada.
▶ Incorporar los huevos de a uno.
▶ Aromatizar con la esencia de vainilla.
▶ Añadir la mitad de la harina y luego la otra mitad, intercalando la leche.
▶ Por último agregar el chocolate blanco en trocitos.
▶ Volcar la preparación sobre las cerezas.
▶ Llevar al horno precalentado, moderado. Cocinar de 45 a 50 minutos.
▶ Retirar y dejar reposar 3 minutos.
▶ Desmoldar y dejar las frambuesas hacia arriba.

SECRETITO
▼ Es una combinación de sabores sorprendente y muy delicada, maravillosa si se acompaña con helado de vainilla.

Torta del Día de la Madre

6 porciones

INGREDIENTES

3 yemas
½ taza de azúcar
150 gramos de almendras tostadas
 y procesadas
3 claras
Crema pastelera al limón
Frutas rojas

- Batir las yemas con el azúcar a punto cinta.
- Agregar las almendras y seguir batiendo.
- Por último incorporar las claras batidas a nieve, uniendo con suavidad y en forma envolvente.
- Colocar la preparación en un molde N° 24, enmantecado y enharinado.
- Llevar al horno precalentado, moderado. Cocinar hasta que tome consistencia.
- Retirar, desmoldar y dejar enfriar.
- Preparar la crema pastelera como se explica en la página 239 y aromatizarla con ralladura de limón.
- Cubrir con ella la torta y completar con frutas rojas (frambuesas, boysenberries o cerezas).

SECRETITOS

▼ Un regalo distinto, fresco y actualísimo para la mejor mamá del mundo (que es la de cada uno, por supuesto).
▼ Para variar pueden suprimir la crema pastelera y acompañar la torta con la *mousse* de limón de la página siguiente.

Mousse de limón

6 porciones

INGREDIENTES

3 huevos
3 yemas
8 cucharadas de azúcar
Ralladura de 2 limones
125 cc de jugo de limón
80 gramos de manteca
250 cc de crema de leche semibatida
1 copita de licor de limón

- Batir los huevos y las yemas con el azúcar, la ralladura y el jugo de limón.
- Por último incorporar la manteca.
- Llevar a baño de María y cocinar revolviendo constantemente, hasta que tome punto espeso.
- Dejar enfriar.
- Unir con la crema semibatida y perfumar con el licor.

SECRETITOS

▼ Para acompañar la Torta del Día de la Madre, colóquenla por cucharadas en los platos, junto a cada porción.

▼ Si quieren servirla como postre, distribúyanla en copas y enfríenla muy bien en la heladera antes de saborearla.

▼ En los dos casos pueden esparcir por arriba unas hebras de corteza de limón, de las que se sacan con esos practiquísimos aparatitos acanaladores.

Torta soufflé de chocolate
(Para endulzar la Nochebuena)

10 porciones

INGREDIENTES

½ taza de pasas de uva rubias
2 cucharadas de amaretto
½ taza de crema de leche
¾ de taza de manteca
430 gramos de chocolate
  semiamargo
1 taza de almendras tostadas enteras
4 cucharadas + ½ taza de azúcar
  rubia
2 cucharadas de aceite

6 yemas grandes
6 claras grandes
½ taza de crema chantillí
½ taza de almendras tostadas
  procesadas
ESPEJO DE GROSELLAS
1 frasco de mermelada de grosellas
½ taza de azúcar
1 cucharadita de manteca
1 cucharadita de glucosa

▶ Remojar las pasas en el *amaretto*.
▶ Calentar la crema y la manteca hasta punto de ebullición. Fuera del fuego incorporar el chocolate en trozos y revolver para que se derrita.
▶ Procesar ½ taza de almendras con las 4 cucharadas de azúcar rubia, y la otra ½ taza con el aceite.
▶ Batir las yemas con el resto del azúcar rubia hasta que tomen color pálido.
▶ Mezclar el chocolate con todas las almendras, las yemas, las pasas y el *amaretto*.
▶ Batir las claras a nieve e incorporarlas, uniendo en forma suave y envolvente.
▶ Volcar la preparación en un molde N° 28.
▶ Cocinar en el horno, a temperatura moderada, durante 30 minutos aproximadamente.
▶ Retirar, desmoldar y dejar enfriar.
▶ Cubrir con la crema chantillí mezclada con las almendras.
▶ Para hacer el espejo, reducir la mermelada junto con el azúcar, la manteca y la glucosa. Apoyar un aro metálico de 28 cm de diámetro sobre papel de aluminio enmantecado, verter dentro la reducción y dejar enfriar hasta que solidifique. Quitar el aro y el papel y colocar el espejo sobre la torta.

Para cortar las porciones sin quebrar el espejo, usen un cuchillo caliente.

Vuelta del bosque
(Para la mesa navideña)

6 porciones

INGREDIENTES

1 disco de bizcochuelo (página 149)
   de 20 cm de diámetro
   y 3 cm de espesor
50 cc de melaza de maíz
70 cc de aguardiente de peras
150 cc de crema de leche
1 sobre de gelatina sin sabor
300 gramos de crema de marrons
   (puré de castañas en almíbar)
8 marrons glacés

3 peras en tajaditas
100 gramos de manteca
40 gramos de azúcar
125 gramos de chocolate negro
2 yemas
1 cucharadita de café instantáneo
   de sabor intenso
3 claras
Marrons glacés, cacao, hojas de
   mazapán y confites para decorar

▶ Colocar el bizcochuelo dentro de un molde desmontable del mismo diámetro y 5 cm de altura.
▶ Humedecerlo con la melaza mezclada con 50 cc de aguardiente de peras.
▶ Calentar 50 cc de crema de leche en un jarrito y disolver la gelatina.
▶ Verterla sobre la crema de *marrons* y batir hasta homogeneizar. Agregar los *marrons* enteros y el resto de la crema de leche batida a punto chantillí.
▶ Cubrir el bizcochuelo con esta crema y llevar a la heladera.
▶ Acaramelar las peras en una sartén con 25 gramos de manteca y 20 gramos de azúcar.
▶ Derretir el chocolate. Agregarle el resto de la manteca y, batiendo, incorporar las yemas, el café y el resto del aguardiente de peras.
▶ Batir las claras a nieve con los otros 20 gramos de azúcar. Incorporarlas a la crema de chocolate para obtener una *mousse*.
▶ Disponer las peras sobre el bizcochuelo cubierto con crema de *marrons* y terminar con la *mousse*. Volver a la heladera por lo menos 2 horas.
▶ Desmoldar y decorar con *marrons glacés*, una lluviecita de cacao, hojas de mazapán verde y confites rojos.

Ya sé que no es una de esas tortas que están listas en cuanto se sacan del horno, pero sí es ideal para las fiestas, y creo que la excepción vale la pena.

Torta de Año Nuevo

20 porciones

INGREDIENTES

500 gramos masa phylo (página 154)
100 gramos de manteca derretida
Azúcar impalpable
300 gramos de frutas secas tostadas
(almendras y castañas)
LEMON CURD
3 yemas
4 huevos

1 taza de azúcar
Jugo y ralladura de 6 limones
½ taza de crema de leche
PARA COMPLETAR EL RELLENO
250 gramos de queso mascarpone
1 kilo de frutas rojas variadas
1 frasco de mermelada de naranja

❱ Cortar las hojas de masa *phylo* del tamaño que se desee.
❱ Pincelarlas con la manteca derretida, espolvorearlas con azúcar y salpicarlas con las frutas secas un poco procesadas.
❱ Superponerlas formando tres planchas de cuatro hojas cada una. Apoyarlas sobre una placa.
❱ Llevarlas al horno precalentado, de moderado a fuerte, hasta que se doren.
❱ Hacer el *lemon curd* combinando todos los ingredientes en un bol y revolviendo a baño de María hasta que espese.
❱ Enfriarlo en la heladera de 1 a 2 horas.
❱ Incorporarle el queso mascarpone.
❱ Macerar las frutas rojas con la mermelada de naranja.
❱ Armar la torta colocando sobre una plancha de masa *phylo* la mitad del *lemon curd* con mascarpone y la mitad de las frutas rojas con mermelada. Intercalar otra plancha de masa *phylo* y cubrirla con el resto del *lemon curd* y de las frutas rojas. Terminar con la última plancha de masa *phylo*.

SECRETITO
▼ Prepararla el mismo día del festejo y reservarla en la heladera hasta el momento de servir.

Cheesecakes

Cheesecake capucino

12 porciones

INGREDIENTES

BASE
2 tazas de galletitas tipo Oreo procesadas
75 gramos de manteca derretida
RELLENO
15 gramos de café instantáneo de sabor intenso
2 cucharaditas de esencia de vainilla
1 kilo de queso crema
1 y 1/2 taza de azúcar
5 huevos grandes a temperatura ambiente
1/2 taza de ganache (1/4 de taza de chocolate + 1/4 de taza de crema de leche)
1/4 de taza de crema de leche
GLASEADO
180 gramos de chocolate cobertura
90 gramos de crema de leche

- Forrar un molde desmontable N° 30 con papel de aluminio.
- Preparar la base mezclando las galletitas procesadas con la manteca derretida.
- Tapizar con la mezcla el fondo y las paredes del molde, presionando bien.
- Para hacer el relleno, poner el café en una tacita y disolverlo con la esencia de vainilla.
- Batir el queso crema hasta lograr una textura liviana.
- Añadir el azúcar gradualmente.
- Agregar los huevos de a uno, batiendo bien después de cada adición.
- Incorporar la mezcla de café y vainilla, la *ganache* y la crema.
- Poner la mezcla en el molde.
- Llevar al horno precalentado, moderado. Cocinar durante 1 hora y 15 minutos.
- Dejar reposar 1 hora dentro del horno apagado.
- Retirar, dejar enfriar y desmoldar.
- Para el glaseado, calentar la crema a punto ebullición. Incorporar el chocolate en trocitos, dejarlo reposar 5 minutos y revolver hasta que se funda.
- Cubrir la *cheesecake* con el glaseado.

La ganache se hace igual que el glaseado; sólo cambia la proporción de los ingredientes.

Cheesecake con ciruelas glaseadas

10 porciones

INGREDIENTES

BASE
200 gramos de galletitas Cerealitas
75 gramos de manteca derretida
1/4 de taza de azúcar rubia
1 pizca de canela
RELLENO
750 gramos de queso Philadelphia
1 taza de azúcar
4 huevos grandes
1 taza de crema de leche
2 cucharadas de esencia de vainilla
1 cucharada de ralladura de limón
PREPARACIÓN DE CIRUELAS
3/4 de taza de jugo de naranja
1/4 de taza de jalea de grosellas
1/4 de taza de azúcar rubia
6 ciruelas grandes, cortadas
   por la mitad

▶ Procesar las galletitas con la manteca, el azúcar rubia y la canela.
▶ Colocar la mezcla en un molde desmontable Nº 28, presionando bien.
▶ Hornear esta base durante 10 minutos.
▶ Para hacer el relleno, procesar el queso y agregarle el azúcar. Incorporar los huevos, la crema, la esencia de vainilla y la ralladura de limón.
▶ Poner el relleno sobre la base de galletitas.
▶ Hornear durante 1 hora y 15 minutos. Dejar 30 minutos dentro del horno apagado y abierto.
▶ Retirar y dejar enfriar durante 3 horas.
▶ Colocar en una sartén el jugo de naranja, la jalea de grosellas y el azúcar rubia. Calentar hasta que se disuelva el azúcar. Agregar las ciruelas. Llevar a hervor, reducir el fuego y cocinar 3 minutos.
▶ Retirar las ciruelas con espumadera y dejarlas enfriar. Cocinar el líquido 7 minutos más.
▶ Desmoldar la *cheesecake*, disponer arriba las ciruelas y bañarlas con el líquido frío.

SECRETITO
▼ Retiren el queso de la heladera con anticipación, para que en el momento de procesarlo esté a temperatura ambiente.

Cheesecake de naranja

12 porciones

INGREDIENTES

MASA
250 gramos de harina 0000
200 gramos de manteca a
  temperatura ambiente, en trocitos
90 gramos de azúcar impalpable
1 pizca de sal
2 yemas
Esencia de vainilla o ralladura
  de limón

RELLENO
700 gramos de queso crema
  o Philadelphia
700 gramos de ricota procesada
300 cc de crema de leche
100 gramos de fécula de maíz
8 huevos
350 gramos de azúcar
Ralladura y jugo de 6 naranjas

● Hacer la masa trabajando la harina y la manteca con la punta de los dedos. Incorporar el azúcar impalpable y la sal. Ligar con las yemas y perfumar con esencia de vainilla o ralladura de limón.
● Enmantecar un molde desmontable N° 30. Forrar con masa el fondo y la altura, hasta donde alcance. Pinchar con un tenedor. Enfriar en la heladera.
● Cocinar en el horno, a temperatura moderada, de 30 a 35 minutos, hasta que tome color dorado. Retirar y dejar enfriar.
● Para el relleno combinar el queso con la ricota procesada, la crema y la fécula de maíz.
● Batir los huevos con el azúcar a punto letra. Incorporarlos suavemente a la preparación de queso, junto con la ralladura y el jugo de naranja.
● Colocar el relleno sobre la masa.
● Ubicar el molde en el estante central del horno precalentado, moderado. Cocinar durante 1 y ½ hora aproximadamente, hasta que la preparación coagule y al mover el molde se mueva apenas.
● Dejar enfriar dentro del horno apagado. Desmoldar y llevar a la heladera.

SECRETITO
▼ Servir la *cheesecake* fría, decorada con hojas de menta y cascaritas de naranja o con gajos de naranja sin hollejos ni semillas, pincelados con mermelada de naranja reducida o con un almíbar hecho con jugo de naranja y azúcar. ¡Caramba, van a aclamar tanta naranja!

Cheesecake de limón y almendras

8 porciones

INGREDIENTES

BASE
2 biscottini *de almendras grandes*
1/2 taza de manteca a temperatura ambiente
1/4 de taza de azúcar
1/2 taza de harina 0000

RELLENO
1 kilo de queso crema
1 taza de queso mascarpone
1 y 1/2 taza de azúcar
2 huevos grandes
Jugo y ralladura de 1 limón
Almendras fileteadas

▶ Procesar los *biscottini* y mezclarlos con la manteca, el azúcar y la harina.
▶ Colocar la mezcla en un molde desmontable N° 26 y presionar contra el fondo y los costados.
▶ Hornear esta base durante 20 minutos, hasta que se dore.
▶ Preparar el relleno mezclando los quesos con el azúcar.
▶ Agregar los huevos de a uno.
▶ Incorporar el jugo y la ralladura de limón.
▶ Colocar el relleno sobre la base.
▶ Llevar al horno precalentado. Cocinar durante 1 hora, hasta que se dore.
▶ Retirar, dejar enfriar y desmoldar.
▶ Colocar las almendras fileteadas en la superficie, junto al borde, formando una coronita.

SECRETITO
▼ Conviene hornear esta *cheesecake* a baño de María.

Cheesecake de chocolate blanco

12 porciones

INGREDIENTES

BASE
300 gramos de brownies *(página 18)*
RELLENO
1 kilo de queso crema
¼ de taza de azúcar
4 huevos grandes
1 yema grande
Esencia de vainilla
1 pizca de jengibre (opcional)
500 gramos de chocolate blanco
Rulos de chocolate para decorar

- Procesar los *brownies* y colocarlos en la base de un molde desmontable N° 30.
- Batir el queso crema con el azúcar más o menos 3 minutos.
- Unir con los huevos y la yema.
- Perfumar con la esencia de vainilla y, si se desea, incluir el jengibre.
- Por último, añadir el chocolate derretido.
- Colocar el relleno en el molde, sobre la base de *brownies*.
- Llevar al horno precalentado, moderado. Cocinar durante 1 y ½ hora.
- Dejar enfriar dentro del horno apagado.
- Desmoldar y decorar con rulos de chocolate.

SECRETITO
▼ En vez de *brownies* pueden usar galletitas de chocolate, bien procesadas y mezcladas con 50 gramos de manteca.

Gâteau de chocolate amargo

8 porciones

INGREDIENTES

BASE
160 gramos de manteca
60 gramos de azúcar
360 gramos de galletitas
 de chocolate procesadas

RELLENO
200 gramos de chocolate amargo
6 yemas
600 gramos de queso blanco cremoso

200 cc de crema de leche espesa
200 gramos de azúcar rubia
60 gramos de harina
6 claras
100 gramos de azúcar común

CUBIERTA
300 gramos de chocolate
100 gramos de manteca

- Derretir la manteca en una cacerola a fuego suave, para hacer la base.
- Agregar el azúcar y después las galletitas procesadas. Mezclar y retirar del fuego.
- Enmantecar un molde desmontable N° 26. Verter dentro la preparación y presionar contra el fondo y los costados. Enfriar en la heladera.
- Para el relleno derretir el chocolate y dejarlo enfriar.
- Agregar las yemas de a una, batiendo cada vez.
- Añadir el queso blanco, la crema, el azúcar rubia y la harina. Batir hasta obtener una textura lisa.
- Batir las claras a nieve con el azúcar común e incorporarlas a la mezcla anterior.
- Colocar el relleno en el molde, sobre la base.
- Cocinar durante 1 y 1/2 hora en el horno precalentado.
- Dejar enfriar dentro del horno apagado. Desmoldar.
- Preparar la cubierta fundiendo el chocolate con la manteca a fuego bajo, revolviendo constantemente.
- Dejar enfriar y volcar sobre el *gâteau*.

SECRETITO
▼ Llevar a la heladera por lo menos 3 horas antes de servir.

Gâteau de queso y chocolate a la naranja

10 porciones

INGREDIENTES

MASA
4 cucharadas de cacao
1 taza de harina
2 cucharadas de azúcar
90 gramos de manteca en trozos
2 cucharadas de agua
RELLENO
1 kilo de queso crema
8 cucharadas de jugo de naranja
4 cucharadas de ralladura de naranja
1 y 1/2 taza de azúcar
6 huevos
2/3 de taza de harina
8 cucharadas de crema de leche
2 cucharadas de licor de naranja
200 gramos de chocolate

▶ Enmantecar un molde desmontable N° 28. Tapizar la base con papel manteca.
▶ Procesar el cacao con la harina, el azúcar y la manteca hasta obtener una mezcla arenosa y fina. Unir con el agua para formar la masa.
▶ Estirarla y forrar con ella el molde. Pinchar y llevar a la heladera durante 15 minutos.
▶ Retirar, cubrir con papel de aluminio y rellenar con porotos. Hornear 10 minutos y dejar enfriar.
▶ Hacer el relleno batiendo el queso con la ralladura de naranja hasta lograr una textura liviana.
▶ Añadir el jugo de naranja y el azúcar de a poco, batiendo hasta que la preparación quede lisa.
▶ Agregar los huevos de a uno, sin dejar de batir.
▶ Incorporar la harina tamizada, la crema y el licor.
▶ Mezclar la mitad del relleno con el chocolate derretido y frío.
▶ Colocar dentro del molde el relleno de naranja y el de chocolate, en forma alternada.
▶ Llevar al horno precalentado, moderado. Cocinar durante 45 minutos aproximadamente, hasta que coagule y quede bien firme.

Si les resulta más práctico pueden colocar el relleno en dos capas, una de naranja y otra de chocolate.

Torta de ricota

12 porciones

INGREDIENTES

MASA
150 gramos de harina
70 gramos de azúcar
Ralladura de limón
70 gramos de manteca
1 huevo

RELLENO
9 huevos
450 gramos de azúcar
1 y ½ kilo de ricota
500 cc de crema de leche
150 gramos de fécula de maíz
Ralladura de 2 limones
Esencia de vainilla

- Para la masa colocar en un bol la harina, el azúcar y la ralladura de limón. Añadir la manteca y desmenuzarla hasta que se integre con los demás ingredientes. Unir con el huevo.
- Estirar la masa y forrar con ella un molde N° 30.
- Para el relleno batir los huevos con el azúcar a punto letra.
- Procesar la ricota junto con la crema. Incorporar la fécula de maíz.
- Aromatizar con la ralladura de limón y la esencia de vainilla.
- Mezclar las dos preparaciones y colocar sobre la masa.
- Cocinar en el horno precalentado, de moderado a fuerte.
- Dejar enfriar y desmoldar.
- Acompañar con *lemon curd* (página 116) y salsa de frutillas.

SECRETITO

▼ Hagan la salsa cocinando 500 gramos de frutillas con 1 taza de azúcar durante pocos minutos, cuidando que queden enteras.

Torta napolitana de ricota

6 porciones

INGREDIENTES

MASA FROLA
230 gramos de harina
1 pizca de sal
80 gramos de azúcar impalpable
100 gramos de manteca blanda
Ralladura de ½ limón
2 yemas
RELLENO
350 gramos de ricota

80 gramos de azúcar impalpable
3 huevos
50 gramos de almendras tostadas
  y procesadas
80 gramos de cáscara de naranja
  confitada
Ralladura de ½ limón y ½ naranja
Esencia de vainilla
Azúcar impalpable para espolvorear

- Preparar la masa frola mezclando los ingredientes secos. Incorporar la manteca, la ralladura de limón y las yemas.
- Reservar un poco de masa para la decoración. Estirar el resto y forrar un molde N° 20.
- Para hacer el relleno, mezclar la ricota con el azúcar impalpable. Agregar los huevos de a uno y unir con los demás ingredientes.
- Colocar el relleno en el molde. Decorar con un enrejado hecho con tiras de la masa reservada.
- Cocinar en el horno precalentado durante 45 minutos.
- Retirar, dejar enfriar y desmoldar.
- Espolvorear con azúcar impalpable.

SECRETITO

▼ Escurran bien la ricota. Si el relleno queda muy húmedo, coloquen bizcochos molidos sobre la masa.

Torta soufflé de ricota y limón

12 porciones

INGREDIENTES

5 yemas
1 taza de azúcar
Ralladura de 1 limón
1 cucharadita de esencia de vainilla
1 kilo de ricota procesada
4 cucharadas de fécula de maíz
200 cc de crema de leche
5 claras
Azúcar impalpable para espolvorear

- Batir las yemas con el azúcar, la ralladura y la esencia a punto letra.
- Mezclar la ricota con la fécula de maíz y la crema.
- Integrar las dos preparaciones.
- Añadir las claras batidas a nieve, mezclando suavemente.
- Colocar en un molde N° 30, enmantecado y enharinado.
- Llevar al horno precalentado, moderado. Cocinar durante 50 minutos más o menos.
- Dejar enfriar dentro del horno apagado.
- Desmoldar y espolvorear con azúcar impalpable.

SECRETITOS

▼ Es un manjar de los dioses y súper liviana. Se la van a comer en un santiamén.

▼ Controlen que la ricota esté bien drenada; además pueden procesarla para darle una consistencia más homogénea.

Panes, focaccias y trenzas

Pan de aceitunas

INGREDIENTES

FERMENTO
100 gramos de levadura fresca
2 cucharadas de azúcar
Agua tibia
MASA
1,700 kilo de harina 0000
3 cucharadas de aceite de oliva

200 gramos de aceitunas griegas
descarozadas y picadas
2 cucharaditas de sal bien llenas
1 y ½ taza aproximadamente
de agua tibia
1 cucharadita de pimienta negra

- Preparar el fermento disolviendo la levadura y el azúcar en un poco de agua tibia.
- Mezclar de a poco las aceitunas con el aceite de oliva.
- Colocar en un bol la harina y la sal. Incorporar el fermento, el agua, la mezcla de aceitunas y la pimienta.
- Integrar todos los ingredientes con una cuchara de madera. Luego empezar a trabajar con las manos, agregando harina o agua si fuera necesario.
- Poner sobre la mesada y amasar con la palma de la mano hasta obtener un bollo suave que se desprenda de la mesada.
- Dejarlo leudar dentro de un bol, cubierto con film, hasta que duplique su volumen.
- Desgasificar la masa. Formar sobre una placa un pan grande, alargado y rústico, o dividir en dos y colocar en moldes aceitados para pan.
- Llevar al horno precalentado, fuerte. Cocinar durante 1 y ½ hora aproximadamente, hasta que al golpear la base suene a hueco.

SECRETITOS
▼ Háganlo con aceitunas griegas verdaderas, de buena calidad, porque otras no le van a dar el color y el sabor que este pan requiere.
▼ Si tienen mortero les conviene machacarlas en vez de picarlas con cuchillo.

Pan de campo con tres quesos

INGREDIENTES

FERMENTO
50 gramos de levadura fresca
2 cucharadas de azúcar
1 taza agua tibia
RELLENO
250 gramos de mozzarella
 en cubitos
Hierbas de todo tipo, a gusto

250 gramos de queso parmesano
 rallado
200 gramos de queso tipo Mar del
 Plata rallado
MASA
1 kilo de harina 0000
20 gramos de sal
Agua tibia

▶ Hacer el fermento combinando la levadura con el azúcar y el agua tibia.
▶ Mezclar los quesos con las hierbas finamente picadas. Amalgamar todo, tratando de lograr un relleno compacto.
▶ Colocar en un bol la harina, la sal, el fermento y el agua tibia necesaria para obtener una masa elástica. Dejarla leudar cubierta con film hasta que duplique su volumen.
▶ Estirarla dándole forma circular y colocar el relleno en el centro.
▶ Cerrar uniendo los bordes para formar un gran bollo. Colocarlo con la unión hacia abajo dentro de un molde N° 26.
▶ Espolvorear la superficie con queso rallado.
▶ Cocinar en horno precalentado, de moderado a fuerte, durante 1 hora aproximadamente.
▶ Saborearlo tibio.

SECRETITO
▼ Pueden cubrir la masa con láminas de panceta dorada antes de colocar el relleno de quesos.

Pan de cereales y nueces

INGREDIENTES

FERMENTO
100 gramos de levadura fresca
2 cucharadas de azúcar
Agua tibia
MASA
500 gramos de harina integral
150 gramos de harina de centeno
150 gramos de harina 0000
250 gramos de avena
150 gramos de salvado
20 gramos de sal
Agua tibia
200 gramos de nueces tostadas
y un poco picadas

- Preparar el fermento espolvoreando la levadura con el azúcar y cubriéndola con agua tibia.
- Para hacer la masa combinar en un bol todas las harinas, la avena y el salvado.
- Incorporar la sal, el fermento y el agua tibia necesaria para formar una masa que se desprenda del bol.
- Amasar durante 15 minutos aproximadamente, pues requiere más trabajo que una masa de harina blanca.
- Dejar leudar en un sitio tibio hasta que duplique su volumen.
- Aplanar el bollo de masa sobre la mesada enharinada, salpicarlo con las nueces y volver a amasar para distribuirlas en forma pareja.
- Colocar en un molde enmantecado para budín inglés, o formar un pan alargado sobre una placa enmantecada. Hacerle unos cortes oblicuos en la superficie. Dejarlo leudar ½ hora más.
- Llevarlo al horno precalentado, de moderado a fuerte. Cocinar de 50 a 60 minutos, hasta que al clavarle una aguja gruesa ésta salga limpia.
- Dejar enfriar antes de comer.

SECRETITO
▼ Es ideal para preparar sandwiches de jamón crudo con manteca, o hacer tostadas y comerlas con manteca y mermelada de naranja.

Country pumpernickel

INGREDIENTES

FERMENTO
100 gramos de levadura fresca
1 y 1/2 taza de agua tibia
1/2 taza de extracto de malta

MASA
3 tazas de harina de centeno
1/3 de taza de cacao
1 cucharadita de sal
2 a 2 y 1/2 tazas de harina común
1/4 de taza de manteca
1/2 taza de pasas de uva
2 a 3 cucharadas de harina de maíz
   para espolvorear

- Hacer el fermento disolviendo la levadura en el agua tibia.
- Agregar el extracto de malta.
- Colocar en un bol la harina de centeno, el cacao, la sal, la harina común y la manteca. Unir con el fermento.
- Incorporar las pasas de uva y amasar bien.
- Dejar leudar durante 1 y 1/2 hora.
- Espolvorear con la harina de maíz.
- Colocar en un molde enmantecado y enharinado.
- Cocinar en horno precalentado, moderado, de 40 a 45 minutos.

SECRETITO
▼ Éste es un típico pan de centeno, bien negro, ideal para comer con quesos tipo camembert.

Pumpernickel con corazón de queso

INGREDIENTES

3 tazas de agua
3/4 de taza de harina de maíz
2 cucharaditas de sal
1 cucharada de azúcar
1 cucharada de manteca
60 gramos de levadura fresca
1/4 de taza de puré de papas en escamas

2 tazas de harina de centeno
2 y 1/2 tazas aproximadamente de harina integral
Harina blanca para amasar
300 gramos de queso tipo cheddar rallado
1 huevo batido con 1 cucharadita de agua

▶ Calentar el agua en un bol. Agregar la harina de maíz y cocinar sobre llama suave, revolviendo constantemente. Añadir la sal, el azúcar y la manteca. Retirar del fuego y dejar entibiar.
▶ Incorporar la levadura, las escamas de papas y la harina de centeno. Añadir la harina integral, controlando que sea suficiente para formar una masa con cuerpo.
▶ Amasar durante 10 minutos, espolvoreando de tanto en tanto con harina blanca hasta lograr una consistencia elástica.
▶ Dividir la masa en 16 bollos. Dejarlos leudar.
▶ Aplanarlos con la mano y repartir sobre ellos el queso, colocándolo en el centro. Cerrar y apoyar sobre una placa, con la unión de la masa hacia abajo. Pincelar con el huevo.
▶ Cocinar en el horno precalentado durante 45 minutos.

SECRETITOS
▼ Usen la harina de maíz tradicional, no la de cocimiento rápido.
▼ Si les gusta pueden espolvorear los panes con comino en grano (2 cucharadas) o alguna otra semillita especial.
▼ Son riquísimos para un té-cena.

Focaccia con échalotes

INGREDIENTES

FERMENTO
50 gramos de levadura fresca
3 cucharadas de azúcar
1 taza de agua tibia
1 pizca de sal
MASA
5 cucharadas de aceite de oliva
8 échalotes

1 kilo de harina 0000
½ cucharada de sal
½ taza aproximadamente
de agua tibia
6 cucharadas de aceite de oliva
para untar
Granos de pimienta negra
y sal gruesa

▶ Preparar el fermento mezclando la levadura con el azúcar, el agua tibia y la pizca de sal.
▶ En una sartén de teflón colocar el aceite de oliva y las *échalotes* enteras. Cocinar a fuego bajo unos 15 minutos, hasta que se ablanden un poco.
▶ Dejarlas enfriar durante 10 minutos. Luego procesarlas o picarlas bien.
▶ Colocar en un bol la harina y la sal. Incorporar las échalotes, el fermento y el agua tibia necesaria para formar una masa que se pueda amasar fácilmente.
▶ Amasar durante 15 minutos aproximadamente.
▶ Untar la masa con 2 cucharadas de aceite de oliva. Dejarla leudar hasta que duplique su volumen, cubierta con film.
▶ Colocarla sobre una placa y untarla con el resto del aceite. Hacerle huequitos con los dedos y colocar allí sal gruesa y pimienta.
▶ Cubrir con film y dejar leudar un ratito más.
▶ Cocinar en horno precalentado, fuerte, durante 40 minutos.
▶ Cortar en cuadrados para servir.

SECRETITO
▼ Cuiden muchísimo que las *échalotes* no se quemen ni se pasen.

Focaccia con panceta y romero

INGREDIENTES

FERMENTO
50 gramos de levadura fresca
2 cucharadas de azúcar
½ taza aproximadamente
   de agua tibia
MASA
2 kilos de harina
2 puñaditos de romero fresco
6 cucharadas de aceite de oliva

Sal y pimienta
1 y ½ taza de agua tibia
12 cucharadas de aceite de oliva
   para untar
200 gramos de panceta ahumada
   en lonjas finas
250 gramos de queso gruyère
250 gramos de tomates secos

❱ Preparar el fermento disolviendo la levadura y el azúcar en el agua tibia.
❱ Colocar en un bol la harina y el romero picadito. Hacer un hoyo en el centro y poner allí el fermento, el aceite de oliva, sal, pimienta y el agua tibia. Unir hasta formar una masa blanda que se desprenda de las paredes del bol.
❱ Amasar 10 minutos. Cubrir la masa con film y dejarla leudar hasta que duplique su volumen.
❱ Formar dos *focaccias* grandes. Untarlas generosamente con aceite. Estirarlas sobre placas, en forma pareja o rústica. Marcarlas con la punta de los dedos. Dejar leudar 1 hora más.
❱ Dorar la panceta en una sartén de teflón, hasta que quede un poco cocida pero no seca. Colocarla sobre las *focaccias* en forma irregular.
❱ Llevar al horno precalentado, de moderado a fuerte. Cocinar durante 40 minutos.
❱ Retirar del horno y cubrir en seguida con el *gruyère* en escamas y los tomates secos. ¡Listas para comer!

SECRETITO
▼ Es bueno que el horno esté fuerte para que la deje bien crocante por fuera.

Focaccia con aceitunas

INGREDIENTES

FERMENTO
40 gramos de levadura fresca
2 cucharadas de azúcar
Agua tibia
MASA
1 kilo de harina
Sal y pimienta
40 cc de aceite de oliva

120 gramos de aceitunas griegas
 descarozadas y un poco cortadas
8 cucharadas de aceite de oliva
 para untar
10 aceitunas griegas descarozadas
 y fileteadas
Sal gruesa

◗ Disolver la levadura y el azúcar en un poco de agua tibia para hacer el fermento.
◗ Colocar en un bol la harina, sal, pimienta, el aceite y el fermento. Unir y agregar las aceitunas.
◗ Amasar enérgicamente durante 10 minutos.
◗ Cubrir con film y dejar leudar 1 hora o hasta que duplique su volumen.
◗ Untar la masa con el aceite y extenderla en una placa en forma irregular. Hacer huecos con los dedos y colocar allí las aceitunas fileteadas y granos de sal gruesa.
◗ Dejar leudar nuevamente durante 1 hora, hasta que duplique su volumen, cubierta con film.
◗ Llevar al horno precalentado, de moderado a fuerte. Cocinar de 40 a 50 minutos.
◗ Retirar, cortar en cuadrados y servir.

SECRETITO
▼ Si quieren suavizar un poco el sabor, utilicen una mezcla de aceite de oliva y aceite de maíz.

Focaccia con nueces

INGREDIENTES

FERMENTO
50 gramos de levadura fresca
2 cucharadas de azúcar
1 taza de agua tibia
MASA
1 kilo de harina 0000
20 gramos de sal
200 gramos de nueces tostadas y picadas
4 cucharadas de aceite de oliva
Agua tibia
Aceite de oliva extra para untar

- Hacer el fermento disolviendo la levadura y el azúcar en el agua tibia.
- Colocar en un bol la harina, la sal, las nueces, el aceite, el fermento y la cantidad de agua tibia necesaria para formar una masa homogénea y suave.
- Amasar durante 15 minutos, esparciendo bien las nueces.
- Cubrir con film y dejar leudar al doble de su volumen.
- Aceitar la masa y estirarla sobre una placa.
- Taparla de nuevo con film y dejarla leudar 20 minutos más.
- Marcar con los dedos y, si se desea, colocar más nueces por arriba.
- Cocinar en horno precalentado, de moderado a fuerte, durante 40 minutos aproximadamente.
- Servir con un buen jamón crudo.

SECRETITO
▼ También la pueden hacer en forma de pan, para cortar rebanadas y tostarlas.

Focaccia con uvas

INGREDIENTES

FERMENTO
30 gramos de levadura fresca
3/4 de taza de agua tibia
1 taza de harina 0000
PREPARACIÓN DE UVAS
2 y 1/2 kilos de uvas negras
1 taza de azúcar
1 cucharadita de canela

MASA
2 y 1/2 tazas de harina
2 cucharadas de aceite de oliva
1 pizca de sal
1/2 taza de agua tibia
PARA CUBRIR
Clara
Azúcar
Manteca

❱ Preparar el fermento disolviendo la levadura en el agua tibia y uniendo con la harina. Dejarlo leudar durante 1 hora.
❱ Lavar y secar las uvas. Mezclarlas con el azúcar y la canela. Dejarlas reposar.
❱ Colocar la harina en un bol. Hacer un hueco y poner allí el fermento, el aceite, la sal y el agua. Unir todo con cuchara de madera y formar una masa.
❱ Dividirla en dos partes. Colocar la mitad en una placa aceitada. Pintar con clara y esparcir uvas. Cubrir con la otra mitad de la masa y el resto de las uvas. Salpicar con azúcar y manteca. Dejar leudar.
❱ Cocinar en horno precalentado, de moderado a fuerte, alrededor de 40 minutos.
❱ Dejar enfriar 1 hora antes de servir.

SECRETITO
▼ Es realmente exquisita y muy indicada para que la hagan los hombres.

Pan con chips de chocolate

INGREDIENTES

FERMENTO
30 gramos de levadura fresca
1/2 cucharadita de azúcar
1/4 de taza de agua tibia
MASA
3/4 de taza de avena
1 taza de agua caliente
1/2 taza de leche
60 gramos de manteca
1/2 taza de azúcar rubia
2 cucharaditas de esencia de vainilla
2 huevos
4 y 3/4 a 5 tazas de harina 0000
1 y 1/4 cucharadita de sal
1/2 cucharada de canela
1 cucharadita de nuez moscada
1/2 cucharadita de clavo de olor
PARA CUBRIR
120 gramos de manteca derretida
1 taza de azúcar mezclada
  con canela y nuez moscada
2 y 1/2 tazas de chips de chocolate

▶ Disolver la levadura y el azúcar en el agua tibia para hacer el fermento. Dejarlo reposar 5 minutos.
▶ Para preparar la masa, remojar la avena en el agua caliente.
▶ Calentar la leche con la manteca, el azúcar rubia y la vainilla. Revolver para disolver el azúcar. Dejar entibiar. Unir con los huevos, la avena y el fermento.
▶ Combinar la harina con la sal, la canela, la nuez moscada y el clavo de olor.
▶ Incorporar a la mezcla líquida 1 y 3/4 taza de harina y luego el resto.
▶ Amasar durante 10 minutos. Colocar la masa dentro de un bol enmantecado. Dejarla leudar.
▶ Tomar porciones, formar bollitos y dejarlos leudar de nuevo.
▶ Pasarlos por la manteca derretida, luego por el azúcar con especias y finalmente por los *chips* de chocolate, presionando bien.
▶ Acomodar los bollitos dentro de un molde redondo con tubo central. Dejar leudar durante 1 hora y 15 minutos.
▶ Llevar al horno precalentado. Cocinar 15 minutos a temperatura moderada y 45 minutos más a temperatura suave.

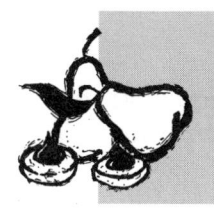

SECRETITO
▼ Usen un molde alto y ubiquen los bollitos bien juntos, haciendo dos ruedas superpuestas.

Pan dulce frangipane

Ingredientes

Fermento
100 gramos de levadura fresca
2 cucharadas de azúcar
1 taza de leche tibia

Masa
200 gramos de manteca
400 gramos de azúcar
Ralladura de 1 naranja
Unas gotitas de agua de azahar
2 cucharadas de extracto de malta
2 cucharadas de coñac
8 huevos
2 tazas de leche tibia
Harina 0000

750 gramos de frutas secas tostadas (castañas, piñones, almendras, nueces), ciruelas secas y cáscara de naranja confitada

Frangipane
250 gramos de manteca a temperatura ambiente
250 gramos de azúcar impalpable
250 gramos de almendras procesadas a polvo
5 huevos
50 gramos de harina
50 cc de ron

❯ Poner la levadura apenas desmenuzada en un bol, espolvorearla con el azúcar y cubrirla con la leche tibia para obtener el fermento.
❯ Comenzar a hacer la masa batiendo la manteca con el azúcar hasta formar una crema, en un bol o en la amasadora.
❯ Agregar la ralladura de naranja, el agua de azahar, el extracto de malta, el coñac, los huevos de a uno, la leche y el fermento.
❯ Añadir la harina necesaria para formar una masa que se desprenda de las paredes del bol o de la amasadora. Cubrir y dejar leudar.
❯ Preparar la *frangipane* mezclando la manteca con el azúcar y las almendras procesadas. Agregar los huevos de a uno, la harina y el ron. Enfriar bien en la heladera.
❯ Incorporar a la masa las frutas pasadas por harina. Dividirla en cuatro partes.
❯ Estirarlas formando rectángulos. Untar con la *frangipane* y enrollar para formar los panes dulces. Colocarlos en moldes de metal o de papel.
❯ Cocinar en el horno precalentado, moderado, durante 50 minutos más o menos.

Hagan un glasé con 3 claras, 6 cucharadas de azúcar impalpable y 1 taza de almendras tostadas. Cubran el pan dulce para darle un lindo efecto nevado.

Trenza de Pascua

INGREDIENTES

25 gramos de levadura fresca
250 cc de leche tibia
150 gramos de manteca blanda
1 huevo
2 yemas
120 gramos de azúcar
1 cucharadita de sal
3 cucharadas de aceite
700 gramos de harina
Ralladura de limón
100 gramos de pasas de uva
Azúcar impalpable para espolvorear

- Disolver la levadura en un poco de leche tibia.
- En un bol mezclar la manteca con el huevo, las yemas, el azúcar, la sal y el aceite.
- Agregar la harina, la ralladura de limón, la levadura y el resto de leche tibia.
- Mezclar y formar la masa con la mano.
- Amasar durante 20 minutos. Incorporar las pasas al final.
- Formar un bollo y dejarlo leudar en un lugar templado.
- Dividir la masa por la mitad. Con una mitad formar cuatro cordones y con la otra cinco, todos de 40 cm de largo.
- Hacer una trenza con los cuatro cordones más gruesos. Ponerla en una placa enmantecada y enharinada. Dejarla leudar mientras se trabaja con la masa restante.
- Hacer otra trenza con tres cordones y apoyarla encima de la primera. Dejar leudar un rato más.
- Terminar con otra trenza hecha con dos cordones. Pintar con huevo batido y salpicar con unas gotas de agua.
- Cocinar en el horno de temperatura mediana a fuerte durante 35 minutos, y otros 25 minutos en el horno suave.
- Apagar el horno y dejar la trenza 10 minutos más.
- Retirar y espolvorear con azúcar impalpable.

SECRETITO
▼ Es deliciosa y además muy pintona para el té, no sólo en Pascua. La pueden acompañar con unos ricos dulces del sur.

Trenza rellena con grosellas

INGREDIENTES

RELLENO
1 taza de azúcar
1 cucharada de fécula de maíz
1/3 de taza de jugo de naranja
360 gramos de grosellas
MASA
1 y 1/3 taza de agua
3/4 de taza de manteca

7 a 7 y 1/2 tazas de harina
80 gramos de levadura fresca
2 cucharadas de ralladura
  de naranja
1 cucharadita de sal
2/3 de taza de azúcar
1 yema
3 huevos

- Preparar el relleno combinando el azúcar y la fécula en una cacerolita. Disolverlas con el jugo de naranja. Añadir las grosellas.
- Poner a hervir revolviendo constantemente. Cocinar 15 minutos.
- Retirar, dejar enfriar y refrigerar 2 horas.
- Para hacer la masa calentar en un jarro el agua y la manteca. Dejar entibiar.
- En un bol combinar la harina con la levadura, la ralladura de naranja, la sal y el azúcar.
- Incorporar el agua con manteca.
- Añadir la yema, los huevos y más harina si es necesario.
- Amasar enérgicamente durante 15 minutos.
- Dejar leudar durante 1 y 1/2 hora, cubierta con film.
- Dividir la masa en dos. Estirar formando rectángulos.
- Colocar el relleno formando una franja en el centro de cada rectángulo. Cortar en tiras oblicuas la masa de los costados y entrelazarlas sobre el relleno.
- Apoyar las trenzas sobre una placa.
- Llevar al horno precalentado, de moderado a fuerte. Cocinar durante 35 minutos.

SECRETITO
▼ Si no consiguen grosellas frescas usen las de frasco, o reemplacen el relleno por dulce de grosellas.

Masas básicas

Masa de hojaldre

INGREDIENTES
250 gramos de harina 0000
1 cucharada de sal
1 cucharada de vinagre
25 gramos de manteca, ni muy fría
ni muy blanda
Agua fría
250 gramos de manteca fría
en un trozo

◗ Colocar en un bol la harina, la sal, el vinagre y los 25 gramos de manteca. Mezclar y agregar la cantidad de agua necesaria para hacer un bollo de masa algo grumoso y no muy húmedo. Reservarlo en la heladera.
◗ Envolver en film la manteca fría y aplanarla con el palote para formar un cuadrado fino y prolijo. Dejarla un rato en la heladera. La masa y la manteca deben estar a igual temperatura, bien frías, no heladas.
◗ Espolvorear el bollo con harina. Hacerle un corte superficial en cruz, para marcar cuatro sectores. Meter la mano en el corte y tirar de cada punta hacia afuera para desprender cuatro aletas, sin separarlas del centro de la masa, que debe quedar gordito.
◗ Aplanar un poco las aletas. Colocar en el centro el cuadrado de manteca, sin el film. Doblar sobre él las aletas, en el sentido de las agujas del reloj.
◗ Estirar con el palote formando un rectángulo. Doblarlo en tres y colocar la abertura hacia uno.
◗ Estirar y doblar por segunda vez. Enfriar en la heladera.
◗ Seguir estirando y doblando más o menos nueve veces, hasta que no se vea ni un pedacito de manteca, con intervalos de frío que ayudarán a que la masa tenga siempre la consistencia adecuada.
◗ Enfriar durante 2 horas antes de utilizar.

SECRETITO
▼ Nunca amasen el bollo de masa. Simplemente integren todo trabajando con un cornet, para evitar que se forme el gluten (lo que liga y da elasticidad). ¡Y van a ver los resultados del tan mentado hojaldre!

Hojaldre rápido

INGREDIENTES

250 gramos de queso crema
½ cucharadita de sal
125 gramos de manteca blanda
250 gramos de harina

▶ Mezclar el queso con la sal y la manteca, que debe estar a igual temperatura que el queso.
Incorporar la harina y formar una masa.
▶ Envolverla en film y enfriarla en la heladera de 1 a 2 horas antes de estirarla.

Si quieren lograr un efecto más hojaldrado, trabajen la masa estirándola y doblándola, primero en dos como un libro, después en tres como una carta y así sucesivamente cuatro veces.

Falso hojaldre

INGREDIENTES

100 gramos de manteca derretida
500 gramos de harina 000
15 gramos de sal
220 cc de agua
300 gramos de manteca fría en cubos

▶ Colocar en la amasadora la manteca derretida, la harina, la sal y el agua. Mezclar un minuto y formar una masa. Agregar la manteca fría de a poco, siempre con la amasadora en marcha, hasta que la masa se ponga grumosa.
▶ Ponerla sobre la mesada y aplanarla con el palote formando un rectángulo de 16 por 20 cm y 1 y ½ cm de espesor. Enfriar durante 4 horas.
▶ Alternar estirados y dobleces hasta que la manteca desaparezca por completo, dándole el frío necesario.
▶ Mantener en la heladera hasta el momento de utilizar.

Requiere menos dobleces que los otros hojaldres.

Bizcochuelo

INGREDIENTES

5 huevos
400 gramos de azúcar
400 gramos de harina 0000

- Batir los huevos con el azúcar a punto letra.
- Incorporar la harina de a poco, uniendo siempre en forma envolvente con el batidor.
- Colocar la preparación en un molde enmantecado y enharinado, preferentemente con papel manteca en la base.
- Llevar al horno precalentado, moderado. Cocinar hasta que al tocarlo con las yemas de los dedos ofrezca resistencia.
- Dejar enfriar antes de desmoldar.

Masa con crema

INGREDIENTES

300 gramos de harina
1 cucharadita de sal
150 gramos de manteca
Crema de leche para unir

- Colocar en un bol los ingredientes secos.
- Incorporar la manteca fría en trocitos y fregar entre las manos hasta lograr una textura arenosa.
- Unir con la cantidad de crema necesaria para formar una masa que se pueda trabajar fácilmente.
- Dejarla descansar en la heladera antes de estirarla.

Masa con aceite

INGREDIENTES
2 tazas de harina 0000
1 cucharadita de sal
1 taza de leche
1 taza de aceite de maíz

- Colocar los ingredientes secos en un bol.
- Incorporar la leche y el aceite y formar una masa fácil de trabajar.
- Dejar descansar y estirar.

Masa con aceite de oliva

INGREDIENTES
250 gramos de harina
150 cc de aceite de oliva
$1/2$ yema
1 pizca de sal
Agua para unir

- Poner la harina en un bol. Hacer un hoyo en el centro y colocar allí el aceite, la yema y la sal.
- Mezclar todos los ingredientes con la yema de los dedos, partiendo del centro, y formar rápidamente una masa, agregando una pequeña cantidad de agua para unir.
- Dejarla reposar durante 1 hora antes de estirarla.

Pâte brissée

INGREDIENTES

250 gramos de harina
1 cucharadita de sal
125 gramos de manteca fría
Agua fría para unir

▶ Colocar en un bol la harina, la sal y la manteca en trocitos.
▶ Deshacer la manteca integrándola con los ingredientes secos.
▶ Unir con agua fría, agregándola de a poquito hasta formar un bollo que no se pegue a los dedos y que se pueda manejar fácilmente.
▶ Guardar en la heladera hasta el momento de utilizar.

Pâte sucrée

INGREDIENTES

150 gramos de manteca
1 taza de harina
30 gramos de azúcar
1 pizca de sal
1/4 de huevo
1/4 de yema

▶ Poner la manteca en trozos, la harina, el azúcar y la sal en un bol.
▶ Trabajar con la punta de los dedos hasta lograr una textura arenosa.
▶ Unir con las pequeñas cantidades de huevo y yema hasta que se vean amalgamadas. No sobreamasar.
▶ Formar un bollo; cubrirlo con film y dejarlo descansar unas horas en la heladera.

Pâte sablée

INGREDIENTES

240 gramos de harina
1 pizca de sal
100 gramos de azúcar impalpable
170 gramos de manteca
1 huevo

- Cernir la harina con la sal y combinarla con el azúcar impalpable.
- Agregar la manteca fría y mezclar.
- Por último, unir con el huevo para formar la masa.

Pâte sablée con crema

INGREDIENTES

240 gramos de manteca
½ taza de azúcar
2 yemas grandes
2 y ¼ tazas de harina 0000
1 pizca de sal
¼ de taza de crema de leche

- Batir la manteca con el azúcar a punto crema.
- Agregar las yemas de a una.
- Incorporar la harina y la sal, alternando con la crema.
- Formar la masa, envolverla en film y refrigerarla durante 30 minutos.

Masa para strudel

INGREDIENTES

350 gramos de harina
25 gramos de manteca derretida
1 yema grande
1 o 2 gotas de vinagre

250 cc aproximadamente
de agua tibia ligeramente salada
60 gramos de manteca derretida
o aceite para pincelar

● Cernir la harina y ponerla en un bol. Colocar en el centro los 25 gramos de manteca derretida, la yema y el vinagre.
● Unir los ingredientes centrales con la harina de alrededor y suficiente agua tibia para obtener una masa blanda.
● Amasarla enérgicamente y golpearla hasta que se despegue de los dedos y de la mesada y forme ampollas.
● Formar un bollo, untarlo ligeramente con manteca y ubicarlo dentro de un recipiente tibio. Dejarlo reposar por lo menos 20 minutos.
● Cubrir una mesa de aproximadamente 1,40 m por 70 cm con un mantel y espolvorearlo con harina.
● Estirar el bollo con el palote. Deslizar los puños cerrados debajo la masa y estirarla con movimientos ondulantes, desde el centro hacia afuera, tratando de darle un espesor parejo. Colocarla en el centro de la mesa.
● Enharinarse las manos y deslizarlas nuevamente debajo de la masa, ahora abiertas y con las palmas hacia arriba. Continuar estirando la masa con cuidado hasta que llegue a cubrir la superficie de la mesa y quede finísima, transparente. Recortar los bordes.
● Dejar orear unos minutos.
● Pincelar con manteca derretida si el relleno es dulce, o con aceite si es salado.
● Se puede rellenar de dos maneras: colocando el relleno en una franja paralela a uno de los lados de la masa o extendiéndolo en toda la superficie. En ambos casos, dejar libre un espacio de 10 a 15 cm en los bordes.
● Doblar hacia adentro los bordes de la masa y enrollar con ayuda del mantel, levantándolo y tirando de él hacia uno.
● Apoyar el *strudel* sobre una placa enmantecada, doblándolo si fuera necesario.
● Hornear de inmediato, sin dejar reposar, para que el relleno no humedezca la masa.
● Cortar en tajadas oblicuas para servir.

Masa phylo

INGREDIENTES

250 gramos de harina
1 cucharadita de aceite de oliva
1 pizca de sal
Agua tibia para unir
Fécula de maíz para estirar

- Tamizar la harina y ponerla en un bol.
- Agregar el aceite, la sal y el agua tibia necesaria para formar una masa no muy húmeda, que se pueda estirar con facilidad.
- Dividirla en bollitos chicos y aplanados.
- Espolvorearlos con abundante fécula de maíz y apilarlos.
- Pasar el palote sobre la pila para estirar todos los bollitos al mismo tiempo, hasta dejarlos finos como hojas de papel.
- Sacudir las hojas (con cuidado, pues son muy frágiles) para eliminar toda la fécula.
- Pincelarlas con manteca derretida o aceite, según indique la receta elegida.

Hojaldre

Pithiviers

12 porciones

INGREDIENTES

500 gramos de hojaldre
(página 147 o 148)
FRANGIPANE
125 gramos de manteca
a temperatura ambiente
125 gramos de azúcar
125 gramos de almendras tostadas y
procesadas a polvo
1 huevo
20 gramos de harina 000
PARA COMPLETAR EL RELLENO
Crema pastelera, 1/4 litro (página 239)
PARA PINTAR
1 yema
PARA GLASEAR
1 y 1/2 taza de miel

▶ Dividir el hojaldre en dos trozos y trabajar con uno mientras se reserva el otro en la heladera.
▶ Estirarlo dejándolo de 1/2 cm de espesor. Cortar un círculo de 30 cm de diámetro y llevarlo al frío.
▶ Estirar el otro trozo y cortar un círculo 3 cm más grande. Refrigerarlo igual que el anterior.
▶ Preparar la *frangipane* mezclando la manteca con el azúcar, las almendras, el huevo, la harina y opcionalmente un poco de coñac. Enfriar bien en la heladera.
▶ Combinar la *frangipane* con la crema pastelera para obtener el relleno.
▶ Apoyar el círculo de hojaldre más chico, bien frío, sobre una placa forrada con *sil-pat*. Pintar los bordes con yema diluida en agua.
▶ Colocar el relleno en el centro. Cubrir con el círculo de hojaldre más grande y presionar los bordes para cerrar. Llevar a la heladera.
▶ Decorar la superficie con un cuchillito de oficio, marcando curvas desde el centro hacia los bordes para formar un molinete. Volver a enfriar.
▶ Llevar al horno precalentado, de moderado a fuerte. Cocinar durante 20 minutos aproximadamente, hasta que comience a dorarse.
▶ Pincelar con la miel un poco diluida y hornear durante 20 minutos más.

SECRETITO
▼ Cómanlo tibio, para disfrutar del contraste entre la masa crujiente y el relleno húmedo.

Croissants y pain au chocolat
1 y ½ docena

INGREDIENTES

25 gramos de levadura fresca
125 gramos de agua fría
500 gramos de harina 0000
  y más si fuera necesario
12 gramos de sal
65 gramos de azúcar
125 cc de leche entera
40 gramos de manteca derretida
  y fría

250 gramos de manteca blanda
PARA PAIN AU CHOCOLAT
250 gramos de chocolate
  semiamargo
PARA PINTAR
2 yemas
1 huevo
50 cc de leche

▶ Disolver la levadura en el agua fría, dentro de un bol.
▶ Colocar en otro bol o en la amasadora la harina, la sal, el azúcar, la leche y la manteca derretida
▶ Mezclar un poco estos ingredientes y agregar la levadura disuelta.
▶ Integrar bien todo; si la masa está muy blanda agregar más harina por cucharadas, y si está muy firme añadir agua fría, también por cucharadas.
▶ Amasar unos minutos para obtener una masa tierna pero manejable. Formar un bollo y dejarlo leudar durante 30 minutos a temperatura ambiente.
▶ Espolvorear la mesada con harina. Trabajar un poco la masa para desgasificarla. Estirarla formando un rectángulo de 16 por 30 cm.
▶ Envolverla con un film y refrigerar durante 2 horas.
▶ Retirarla del frío y ubicarla sobre la mesada enharinada.
▶ Cubrir con la manteca blanda 2/3 del rectángulo, del lado derecho.
▶ Plegar como una carta, doblando el tercio de la izquierda (sin manteca) sobre el tercio central (con manteca) y sobre éste el tercio de la derecha (con manteca).
▶ Aplastar con el palote para formar un rectángulo de 20 por 60 cm y 1/2 cm de espesor.
▶ Juntar los dos extremos en el medio y doblar una mitad sobre la otra.
▶ Envolver otra vez con film y llevar a la heladera 2 horas más.
▶ Retirar la masa del frío y estirarla nuevamente sobre la mesada enharinada, formando otro rectángulo.
▶ Doblarlo por el medio, colocando el lado izquierdo sobre el derecho, como si se cerrara un libro.
▶ Refrigerar, esta vez durante 30 minutos, siempre protegiendo la masa con film.

❱ Por último estirarla dejándola de ½ cm de espesor.
❱ Cortar triángulos. Disponerlos con el vértice hacia uno, para trabajar con más comodidad. Enrollar con los dedos desde la base hacia el vértice y arquear. Para que mantengan la forma de medialuna conviene sacar un pedacito de masa del centro.
❱ Para *pain au chocolat,* en vez de triángulos cortar rectángulos de 10 por 12 cm. Colocar en un extremo el chocolate en trozos y enrollar.
❱ En ambos casos, dejar enfriar las piezas 1 hora en la heladera, cubiertas con film.
❱ Ubicarlas bien separadas entre sí en una placa, preferentemente de bordes altos, con *sil-pat* en la base.
❱ Dejarlas leudar un rato a temperatura ambiente.
❱ Pintarlas con la mezcla de yemas, huevo y leche.
❱ Hornearlas hasta que tomen un lindo color dorado.

Si los plegados no son suficientes para lograr la incorporación de la manteca, repetirlos hasta que ésta desaparezca por completo en la masa. Las croissants *quedan maravillosas si se las pincela con miel reducida al sacarlas del horno.*

Palmeritas

4 y ½ docenas

INGREDIENTES

1 receta de falso hojaldre   Azúcar
(página 148)

❱ Dividir la masa en dos partes. Trabajar con una mientras se reserva la otra en la heladera.
❱ Estirar sobre la mesada espolvoreada con azúcar.
❱ Cubrir con azúcar y seguir estirando con el palo de amasar hasta formar un rectángulo de 2 y ½ mm de espesor.
❱ Imaginariamente dividir el rectángulo por la mitad. Enrollar desde cada costado hacia el centro, hasta que ambos lados se encuentren en el medio.
❱ Apoyar este doble rollo sobre una placa y llevarlo a la heladera.
❱ Cuando esté frío, cortarlo en rodajas para obtener las palmeritas.
❱ Acomodarlas en una placa, sobre *sil-pat*.
❱ Cocinarlas en horno precalentado, fuerte, dándolas vuelta para que se doren de ambos lados.

Al sacarlas del horno pincelarlas con mermelada de damascos reducida.

Tarta de hojaldre con peras

12 porciones

INGREDIENTES

300 gramos de hojaldre
 (página 147 o 148)
4 o 5 peras
50 gramos de azúcar
50 gramos de harina
50 gramos de manteca
Mermelada de damascos
 para pincelar

▶ Estirar el hojaldre sobre la mesada enharinada, formando un disco de 30 cm de diámetro y 2 mm de espesor.
▶ Colocarlo dentro de una tartera desmontable de la misma medida, cubriendo sólo el fondo, no los costados.
▶ Pinchar bien con un tenedor y llevar a la heladera.
▶ Pelar las peras. Cortarlas en cuartos y después en tajaditas muy finas, de 1 mm de espesor.
▶ Disponerlas sobre la masa, en forma circular.
▶ Espolvorear con un granulado hecho con el azúcar, la harina y la manteca.
▶ Llevar al horno precalentado, fuerte. Cocinar durante 25 minutos aproximadamente.
▶ Retirar, desmoldar y pincelar con mermelada de damascos reducida.

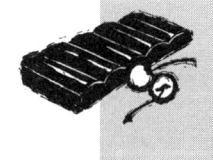

SECRETITOS

▼ Es súper simple, y también súper deliciosa; a mí me encanta la combinación de hojaldre con peras.
▼ Es importante realizar la cocción en horno fuerte, para que la masa no se humedezca con el jugo de las peras.

Pañuelitos de choclo y puerros (pág. 178)

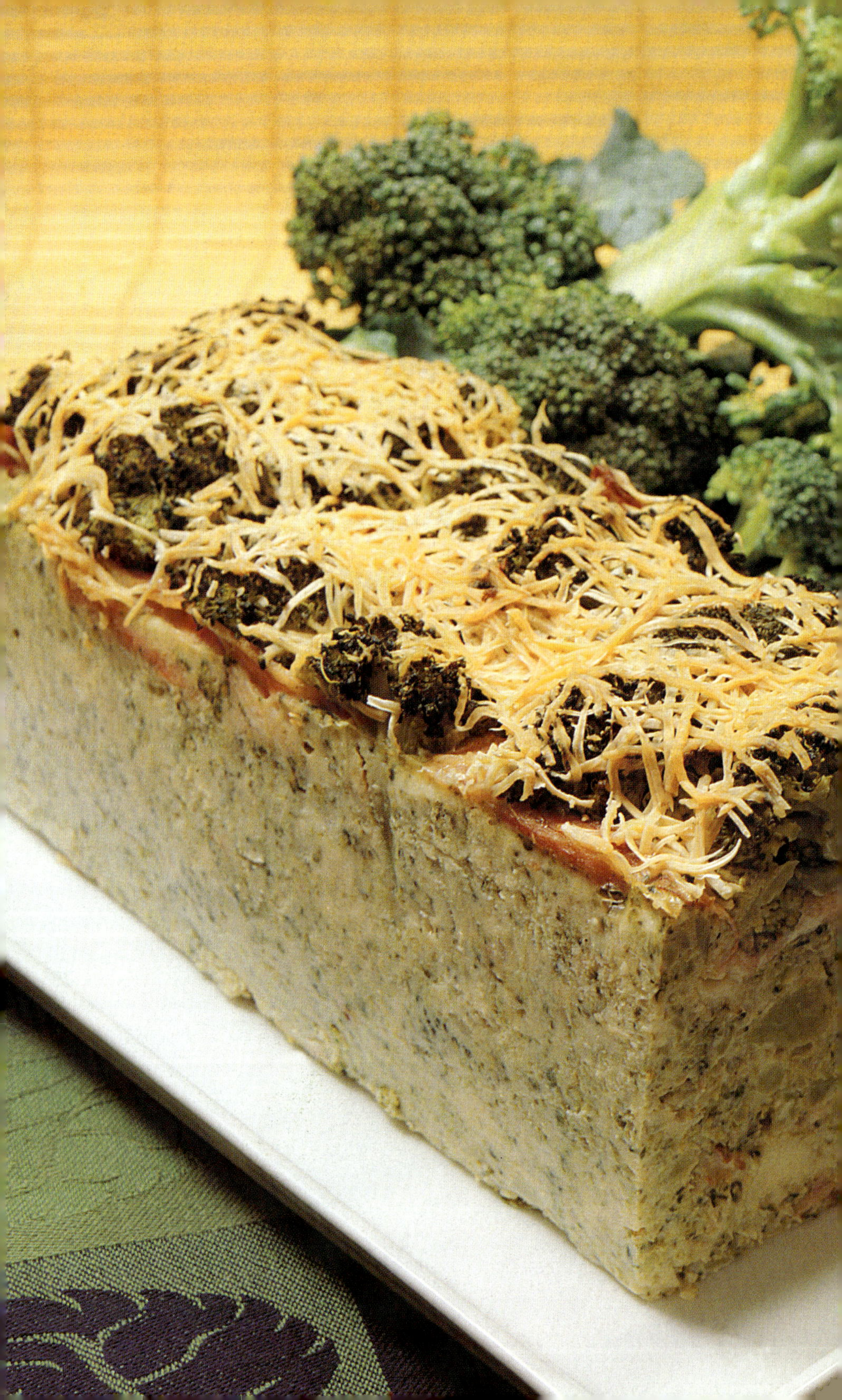

Terrine de brócoli y panceta (pág. 230)

①

❶ **Tarta de tomatines, *mozzarella* y albahaca** (pág. 222)
❷ **Tarta de centolla** (pág. 213)

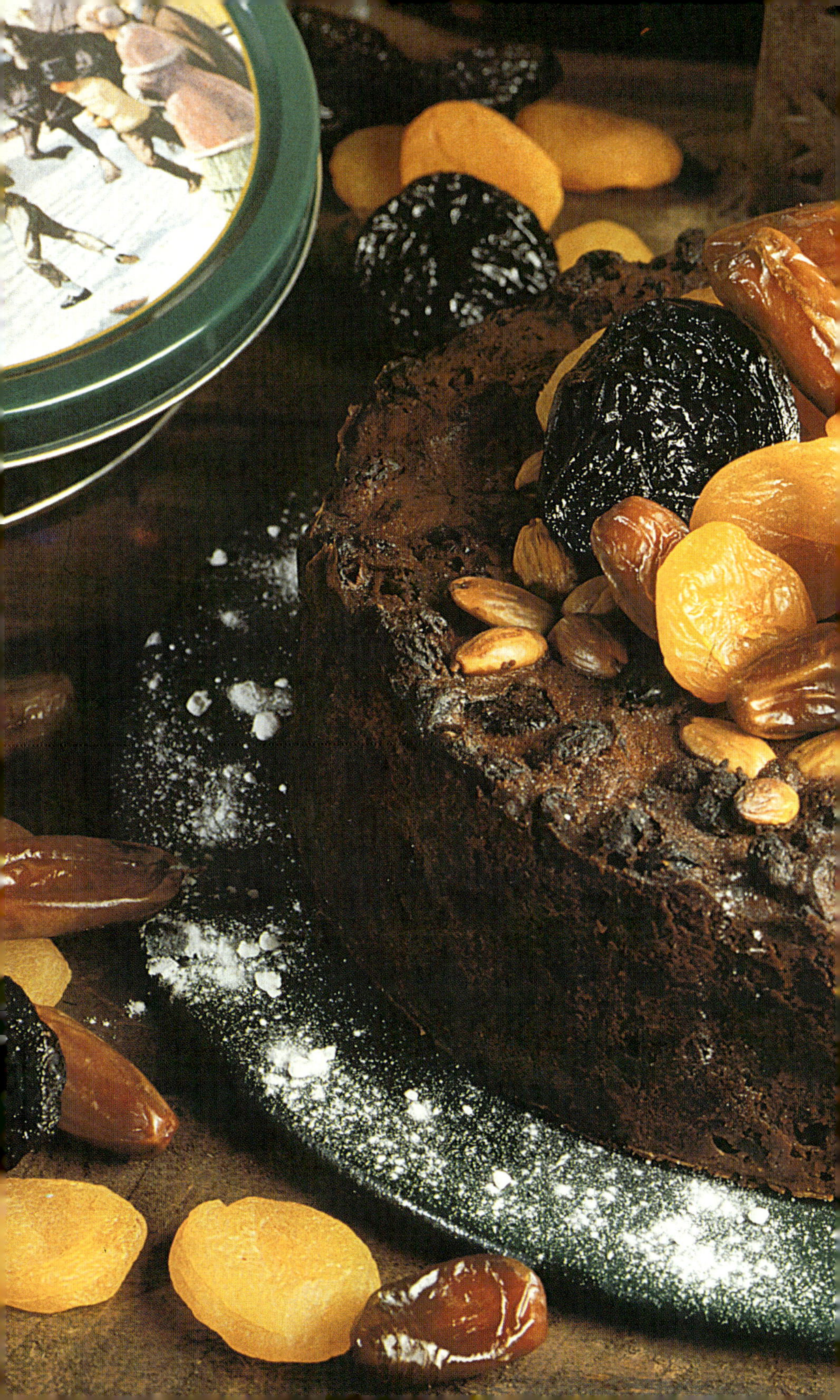

Torta galesa (pág. 93)

❶ *Strudel de chocolate* (pág. 167)
❷ *Strudel primavera* (pág. 172)

❶

❷

1. *Scones de queso* (pág. 74)
2. *Scones de harina integral* (pág. 73)
3. *Muffins de frutillas y salvado* (pág. 69)
4. *Muffins de arándanos o frambuesas* (pág. 66)
5. *Muffins de tomate y queso* (pág. 71)
6. *Muffins de amapola con frambuesas* (pág. 65)

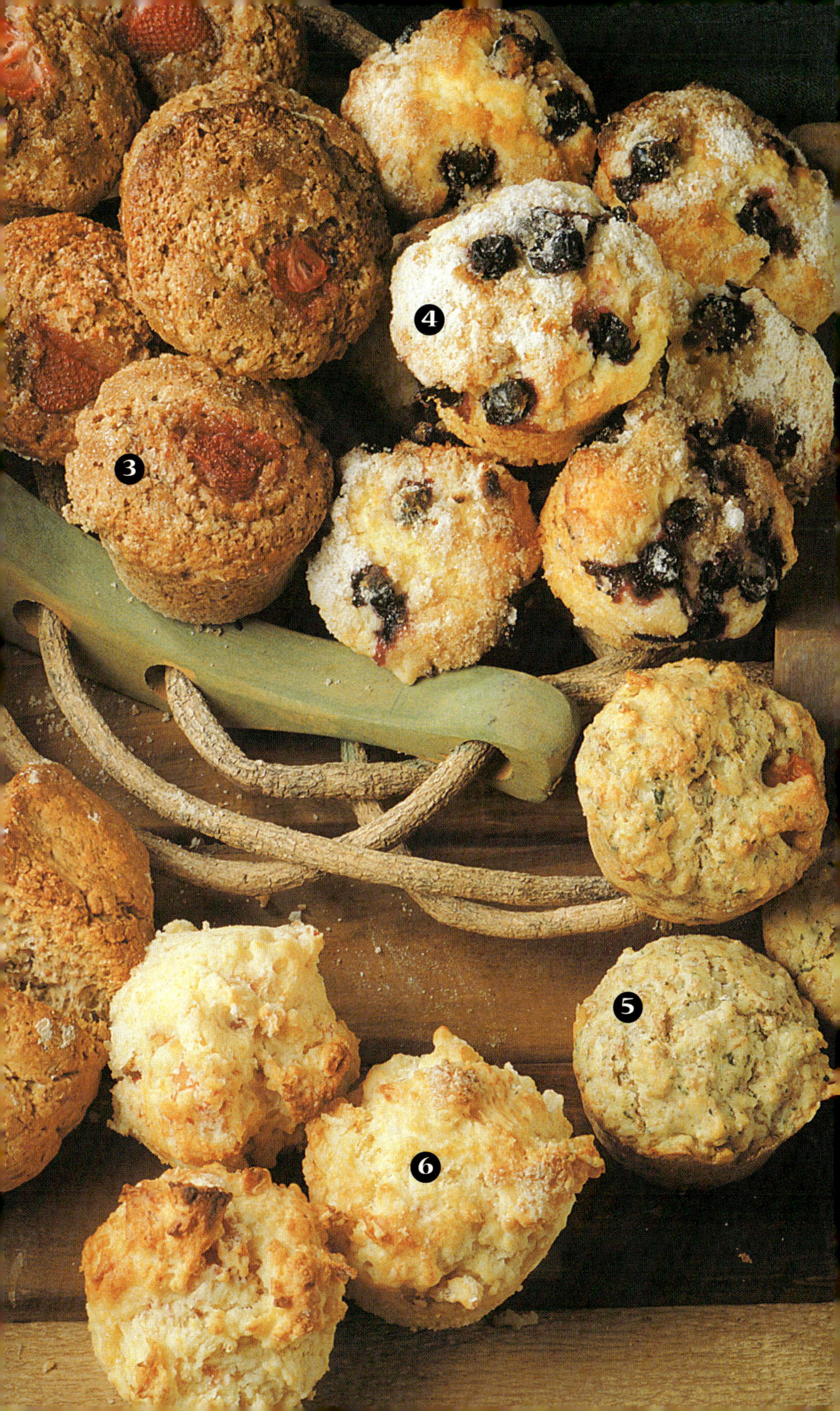

4
3
5
6

Timbal de cerezas (pág. 246)

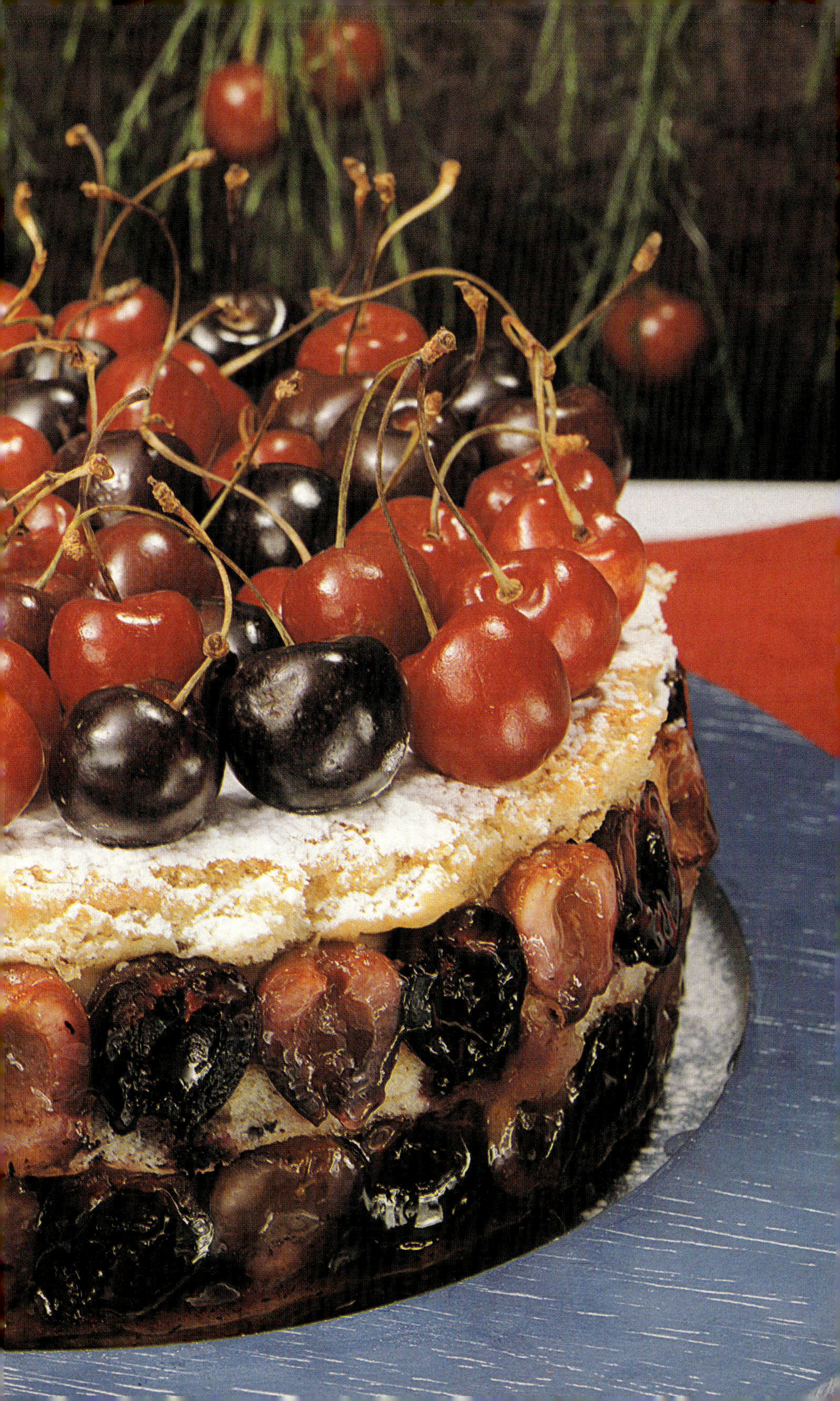

❶ *Cookies* de harina integral (pág. 34)
❷ **Barritas de miel y almendras** (pág. 58)
❸ **Triángulos de dátiles y germen de trigo** (pág. 60)
❹ *Cookies* con *chips* de chocolate (pág. 32)

3

4

Pan dulce *frangipane* (pág. 142)

Torta de peras y hojaldre

12 porciones

Ingredientes

300 gramos de hojaldre
 (página 147 o 148)
Relleno
4 o 5 peras
Manteca
½ litro de crema pastelera
 (página 239)
100 gramos de crema de leche
2 huevos

75 gramos de azúcar
Canela
Huevo para pincelar
Para decorar
6 peras no muy maduras
750 gramos de azúcar
1 y ½ litro de agua
Canela en rama
5 cucharadas de jalea de membrillo

❯ Separar el hojaldre en dos partes (una de ⅔ y otra de ⅓).
❯ Estirar la parte mayor y colocarla en un molde N° 26, enmantecado, tapizando la base y la altura. Estirar la otra parte formando un disco del diámetro del molde. Reservar todo en la heladera.
❯ Pelar y cortar en tajadas las peras para el relleno. Cocinarlas en manteca hasta que estén tiernas, sin que se ablanden demasiado. Dejarlas enfriar.
❯ Unir la crema pastelera con la crema de leche, los huevos, el azúcar y canela a gusto.
❯ Colocar dentro del molde la mezcla cremosa y encima las peras escurridas.
❯ Pincelar los bordes de la masa con huevo, cubrir con el disco de hojaldre y hacer una chimenea en el centro. Enfriar durante 1 hora.
❯ Llevar al horno precalentado, fuerte. Cocinar durante 50 minutos.
❯ Pelar las peras para decorar. Cocinarlas en un almíbar hecho con el azúcar, el agua y la canela, hasta que estén transparentes. Dejarlas enfriar, escurrirlas y pincelarlas con la jalea reducida.
❯ Una vez cocida la torta, dejarla enfriar y desmoldarla. Acomodar arriba las peras, ubicándolas cerca del borde.

SECRETITO

▼ Para dar un toque impactante a la presentación, clavar en el centro las ramitas de canela que perfumaron el almíbar.

Cuadraditos con tomates secos y mozzarella

35 a 40 unidades

INGREDIENTES

500 gramos de hojaldre
 (página 147 o 148)
Yema para pincelar
1 kilo de mozzarella en cubitos
 o bocconcini

2 kilos de tomates secos
1 hojita linda de albahaca fresca
 para cada canapé
Aceite de oliva

● Estirar el hojaldre y cortarlo en rectángulos de 12 por 40 cm.
● Enfriar en la heladera.
● Cortar con una ruedita los lados de cada rectángulo, a lo largo, para obtener tiras de 1 cm. Pincelar los bordes de los rectángulos con yema diluida en agua y adherir las tiras.
● Enfriar nuevamente y pinchar todo el centro con un tenedor.
● Volver al frío.
● Colocar en el centro de cada rectángulo los tomates secos, haciendo 2 o 3 capas.
● Poner sobre los tomates los *bocconcini* o cubitos de *mozzarella*.
● Ubicar los rectángulos en una placa.
● Cocinar en horno fuerte.
● Retirar y cortar en cuadraditos con un cuchillo de buen filo.
● Adornar con hojitas de albahaca pinceladas con aceite de oliva.

SECRETITOS

▼ Si quieren hacerlos más pintones, corten los cuadraditos de hojaldre antes de cocinarlos y cierren todo el contorno con tiritas, o formen *vol-au-vents* redondos.
▼ ¡Ojo con la *mozzarella*! Consigan una bien consistente, que no se deshaga ni tenga mucha agua.

Tirabuzones de queso

50 unidades

INGREDIENTES

500 gramos de hojaldre
  (página 147 o 148)
3 yemas
3 cucharadas de agua
300 gramos de queso parmesano
  rallado

- Dividir el hojaldre en cuatro trozos. Trabajar con uno mientras los otros se mantienen en la heladera.
- Estirar sobre la mesada un poco enharinada, dejando la masa de ½ cm de espesor.
- Pincelar con la mezcla de yemas y agua.
- Enfriar en la heladera.
- Cubrir con el queso rallado y pasar el palote para que se adhiera bien a la masa.
- Cortar tiras de 2 por 12 cm. Tomar cada extremo con una mano y rotar las puntas en sentido opuesto para formar un tirabuzón o bucle.
- Una vez lista cada tanda de tirabuzones, enfriar durante ½ hora.
- Ubicar sobre placas apenas humedecidas.
- Cocinar en horno precalentado y fuerte hasta que se doren, pero ¡ojo!, que no se pasen.

SECRETITOS

▼ Al estirar la masa conviene formar rectángulos que midan 12 cm de ancho, para facilitar el corte de las tiras.
▼ Estos tirabuzones son una gran tentación para el aperitivo y se pueden presentar en grupitos atados con un hilo rústico.
▼ Si quieren agregarles un toque de color, espolvoreen algunos con pimentón y otros con *ciboulette* picada muy chiquita una vez que el queso haya quedado bien adherido a la masa.

Roulée de espinaca y champiñones

10 porciones

INGREDIENTES

500 gramos de espinaca
60 gramos de manteca
100 gramos de queso fresco
2 cucharadas de crema de leche
2 yemas
Sal y pimienta
2 cucharadas de queso parmesano
 rallado

1 cebolla picada
1 cucharada de échalotes picadas
200 gramos de champiñones
 en tajaditas
1 chorrito de vino blanco
500 gramos de hojaldre
 (página 147 o 148)
Huevo para pintar

- Cocinar la espinaca en agua salada, exprimirla y picarla.
- Saltearla en una sartén, con la mitad de la manteca.
- Fuera del fuego agregar el queso fresco, la crema, las yemas, sal, pimienta y el queso parmesano. Mezclar y dejar enfriar.
- Aparte rehogar la cebolla y las *échalotes* en la manteca restante.
- Añadir los champiñones y el vino. Salpimentar y dejar reducir. Dejar enfriar.
- Estirar el hojaldre en forma de rectángulo. Colocar encima la mezcla de espinaca y luego la de champiñones. Enrollar sin apretar mucho.
- Pintar la superficie con huevo.
- Llevar al horno precalentado, moderado, durante 20 minutos.

SECRETITO
▼ ¡A lucirse presentándolo como entrada en una cena paqueta!

Strudels

Strudel de chocolate

10 porciones

INGREDIENTES

200 cc de leche
200 cc de crema de leche
120 gramos de azúcar
1 chorrito de esencia de vainilla
60 gramos de cacao
60 gramos de chocolate con leche en trocitos
3 yemas
30 gramos de pasas de uva
50 gramos de almendras procesadas
50 gramos de manteca
6 hojas de masa phylo (página 154)
60 gramos de manteca derretida para pintar
60 gramos de bizcochos de chocolate desmenuzados
80 gramos de chocolate rallado

▶ Poner a hervir la leche y la crema con el azúcar y la vainilla. Revolver con batidora de mano mientras se agrega el cacao.
▶ Retirar del fuego y, sin dejar de revolver, añadir el chocolate en trocitos, las yemas, las pasas, las almendras y la manteca. Dejar enfriar durante 1 hora.
▶ Pintar las hojas de masa *phylo* con la manteca derretida y superponerlas. Espolvorear con los bizcochos desmenuzados.
▶ Rellenar con la preparación cremosa, esparcir el chocolate rallado y enrollar.
▶ Acomodar el *strudel* sobre una placa, uniendo las puntas para formar una corona, y colocar un moldecito en el centro para que mantenga la forma.
▶ Llevar al horno precalentado, de moderado a fuerte. Cocinar durante 20 minutos aproximadamente.
▶ Retirar y dejar enfriar.
▶ Antes de servir, espolvorear con azúcar impalpable por encima.

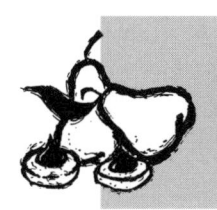

SECRETITO
▼ Este *strudel* es una delicia. No se hace muy grande, porque es muy suculento, pero no se lo pueden perder.

Strudel de membrillo y nueces

10 porciones

INGREDIENTES

5 hojas de masa phylo (página 154)
o 1 receta de masa para strudel
(página 153)
50 gramos de manteca derretida
para pincelar
1 kilo de dulce de membrillo

100 gramos de azúcar
Ralladura de 1 limón
1 taza de nueces cortadas en trozos
PARA CUBRIR
20 gramos de manteca derretida
50 gramos de azúcar

▶ Pincelar la masa con la manteca derretida. Si se usa masa *phylo*, superponer las hojas.
▶ Pisar el dulce de membrillo.
▶ Mezclarlo con el azúcar, la ralladura de limón y las nueces.
▶ Colocar este relleno en un extremo de la masa y enrollar.
▶ Apoyar el *strudel* sobre una placa.
▶ Pintar con la manteca derretida y espolvorear con el azúcar.
▶ Llevar al horno precalentado, de moderado a fuerte. Cocinar de 15 a 20 minutos, hasta que se dore.

SECRETITOS

▼ Este *strudel*, típico de la cocina judía, es realmente exquisito.
▼ Les conviene comprar un dulce de membrillo bien cremoso para poder pisarlo con facilidad.

Strudel de nueces y miel

10 porciones

INGREDIENTES

500 gramos de queso crema
4 cucharadas de miel
½ taza de azúcar
400 gramos de nueces tostadas
y procesadas

Ralladura de 1 limón
4 hojas de masa phylo (página 154)
Manteca derretida para pintar
Azúcar para espolvorear

- Batir el queso crema con la miel y el azúcar hasta que la mezcla adquiera una textura homogénea y suave.
- Perfumar con la ralladura de limón y agregar las nueces.
- Enfriar en la heladera.
- Pintar las hojas de masa *phylo* con manteca derretida y superponerlas. Rellenar y enrollar.
- Ubicar el *strudel* en una placa. Pincelarlo con manteca derretida y espolvorearlo con azúcar.
- Llevar al horno precalentado, moderado. Cocinar durante 20 minutos aproximadamente, hasta que se dore la masa.

SECRETITOS
▼ Pueden cambiar las nueces por otra fruta seca; también queda riquísimo.
▼ No dejen de incluir la miel, porque a pesar de que no se usa en gran cantidad le da un toquecito muy especial a la mezcla de queso crema.

Strudel de ricota y frambuesas

10 porciones

INGREDIENTES

6 hojas de masa phylo (página 154)
100 gramos de manteca derretida
 para pincelar
1 kilo de ricota
200 gramos de azúcar
Ralladura de 1 limón
250 gramos de frambuesas
PARA CUBRIR
Manteca derretida
Azúcar

❱ Pincelar con la manteca derretida las hojas de masa *phylo* y superponerlas.
❱ Mezclar la ricota con el azúcar, la ralladura de limón y las frambuesas. Colocar el relleno sobre la masa y enrollar.
❱ Colocar el *strudel* en una placa. Pintar con manteca derretida y espolvorear con azúcar.
❱ Hornear de 15 a 20 minutos, hasta que se dore la masa.

SECRETITOS

▼ Es importante usar ricota bien seca y frambuesas frescas para lograr un relleno delicado, que es la característica de este *strudel*.
▼ No revuelvan mucho al mezclar, porque las frambuesas son frágiles y no conviene que se deshagan.
▼ Si cuidan estos detalles van a lograr un resultado estupendo. ¡Vale la pena y da muy poco trabajo!

Strudel de peras

12 porciones

INGREDIENTES

2 kilos de peras cortadas en cubitos
2 cucharadas de manteca
2 chauchas de vainilla
1 cucharadita de jugo de limón
1 taza de azúcar
2 cucharadas de fécula de maíz
7 hojas de masa phylo (página 154)
Manteca derretida para pincelar

❱ Poner las peras en una sartén junto con la manteca, la vainilla y el jugo de limón. Cocinarlas pocos minutos, hasta que queden sequitas. Dejarlas enfriar.
❱ Combinar el azúcar con la fécula de maíz. Mezclar con las peras.
❱ Pincelar con manteca derretida las hojas de masa *phylo* y superponerlas.
❱ Rellenar con las peras y enrollar.
❱ Acomodar el *strudel* en una placa.
❱ Llevar al horno precalentado, de moderado a fuerte. Cocinar durante 15 minutos, hasta que se dore la masa.
❱ Acompañar con helado de crema y salsa de chocolate.

SECRETITO

▼ Para variar la presentación pueden hacer unos ricos triángulos. Pinten con manteca derretida dos hojas de masa *phylo*, espolvoréenlas con avellanas y bizcochos molidos y encímenlas. Cubran con otra hoja de masa, pincelada con manteca. Corten triángulos y llévenlos al horno hasta que se doren. Sirvan uno con cada porción de *strudel*.

Strudel primavera
10 porciones

INGREDIENTES

2 rodajas de ananá
1/4 de melón
1 manzana
1 mamón maduro pero firme
2 cucharadas de ron
2 cucharadas de azúcar
1/2 taza de pasas de uva
1 pizca de canela

7 hojas de masa phylo (página 154)
1/2 taza de manteca derretida para pincelar
3/4 de taza de amaretti o bizcochos molidos

PARA CUBRIR
Manteca derretida
Azúcar

- Pelar todas las frutas y cortarlas en trozos.
- Mezclarlas con el ron, el azúcar, las pasas y la canela.
- Pincelar las hojas de masa *phylo* con la manteca derretida y superponerlas.
- Espolvorear la masa con los *amaretti* o bizcochos molidos.
- Rellenar con la mezcla de frutas y enrollar.
- Colocar sobre una placa enmantecada. Pintar con manteca derretida y espolvorear con azúcar.
- Llevar al horno, de moderado a fuerte. Cocinar más o menos 45 minutos, hasta que se dore la masa.
- Servir a temperatura ambiente, con helado de crema.

SECRETITO

▼ Preparen en un santiamén un *coulis* de mango o mamón para acompañar: procesen 1 mango o mamón maduro junto con 1 cucharada de ron y un almíbar hecho con 2/3 de taza de agua y 1/3 de taza de azúcar.

Strudel de espinaca

12 porciones

INGREDIENTES

6 hojas de masa phylo (página 154)
o 1 receta de masa para strudel
(página 153)
100 gramos de manteca derretida
o aceite para pincelar
2 cebollas grandes picadas
50 gramos de manteca
1 kilo de espinaca blanqueada
y escurrida

1 kilo de ricota bien seca
300 gramos de queso rallado
bien sabroso
3 huevos
Sal, pimienta y nuez moscada
Huevo batido para pintar
Semillas de sésamo y amapola
para espolvorear

▶ Pincelar las hojas de masa *phylo* con la manteca derretida y superponerlas. Si se usa masa para *strudel*, pincelarla con aceite.
▶ Rehogar las cebollas en la manteca hasta que se doren apenas.
▶ Aparte procesar la espinaca o picarla bien.
▶ Mezclarla con la ricota, el queso y los huevos.
▶ Condimentar con sal, pimienta y nuez moscada.
▶ Por último unir con las cebollas.
▶ Colocar este relleno sobre la masa y enrollar.
▶ Ubicar el *strudel* en una placa enmantecada.
▶ Pintar con huevo batido; espolvorear con amapola y sésamo.
▶ Llevar en seguida al horno precalentado, fuerte. Cocinar de 20 a 30 minutos, hasta que la masa se dore y el relleno coagule.

SECRETITO
▼ Controlen que la espinaca quede bien escurrida; no conviene usar la congelada. También pueden utilizar mitad espinaca y mitad acelga.

Strudel de queso y cebolla

8 porciones

INGREDIENTES

5 cebollas grandes
50 gramos de manteca
200 gramos de queso dambo
200 gramos de queso fresco
2 huevos
Sal y pimienta de molinillo

1 receta de masa para strudel
(página 153)
Aceite para pincelar
Huevo para pintar
Semillas de sésamo para espolvorear

▶ Cortar las cebollas en juliana muy fina. Freírlas en la manteca hasta que estén bien doradas.
▶ Procesar los quesos hasta obtener una pasta homogénea.
▶ Agregar las cebollas y los huevos de a uno, mezclando muy bien. Salpimentar.
▶ Pincelar la masa con aceite, rellenar y enrollar.
▶ Apoyar el *strudel* sobre una placa. Pintar con huevo y espolvorear con semillas de sésamo.
▶ Hornear hasta que esté dorado.
▶ Servir caliente.

SECRETITO
▼ Si quieren probar con otros quesos, usen siempre uno blando y uno semiduro.

Bocados y bocaditos

Tarteletitas con berenjenas y tomatines

20 unidades

INGREDIENTES

300 gramos de masa phylo (página 154)
150 gramos de manteca derretida
RELLENO
3 berenjenas
250 gramos de tomatines muy chiquitos o concassé de tomates

8 cucharadas de aceite de oliva
200 gramos de cuadraditos o bocconcini de mozzarella
Sal y pimienta
3 huevos
Hojas de albahaca (1 para cada tarteletita)

▶ Pincelar con la manteca derretida las hojas de masa *phylo* y superponerlas de a tres. Cortar cuadrados que midan 2 cm más que los moldes para tarteletas que se van a usar.

▶ Colocar los cuadrados en los moldes, dejando que el excedente de masa sobresalga de los bordes en forma prolija.

▶ Empezar a preparar el relleno cortando las berenjenas en cubitos, sin pelarlas.

▶ En una sartén de teflón calentar el aceite a fuego súper bajo para que no se queme. Incorporar las berenjenas y cocinar unos minutos. Dejar enfriar.

▶ Mezclar las berenjenas con los tomatines y la *mozzarella*. Salpimentar y unir con los huevos.

▶ Repartir el relleno en los moldes, en cantidad generosa.

▶ Llevar al horno precalentado, de moderado a fuerte. Cocinar de 20 a 25 minutos, hasta que el relleno coagule.

▶ Retirar del horno y colocar en cada tarteletita una hoja de albahaca pincelada en aceite de oliva.

SECRETITO

▼ Si llegaran a notar el relleno un poco seco, agréguenle un poquito de crema.

Pañuelitos de choclo y puerros

40 unidades

INGREDIENTES

500 gramos de masa phylo
(página 154)
200 gramos de manteca derretida
RELLENO
2 atados de puerros
100 gramos de manteca
100 gramos de harina

500 cc de leche
2 latas de choclo desgranado
400 gramos de queso rallado
bien sabroso
Sal, pimienta y nuez moscada
Yema para pincelar

▶ Pincelar las hojas de masa *phylo* con la manteca derretida y superponerlas de a cinco. Dividir cada conjunto en cuatro cuadrados.
▶ Para hacer el relleno, cortar los puerros en juliana finísima y rehogarlos en la manteca.
▶ Incorporar la harina haciendo un *roux* (la base de una bechamel). Verter la leche y revolver para que no se formen grumos. Cocinar hasta que espese.
▶ Fuera del fuego agregar el choclo bien escurrido y el queso rallado. Sazonar generosamente y dejar enfriar.
▶ Colocar una cucharada de relleno en el centro de cada cuadrado de masa. Pincelar con yema alrededor. Levantar las puntas de la masa para formar los pañuelitos y ajustar junto al relleno como si se cerrara una bolsita. Apoyarlos en una placa.
▶ Llevar al horno precalentado, de moderado a fuerte. Cocinar más o menos 15 minutos, hasta que se doren.

SECRETITOS
▼ Controlen que el relleno quede bien consistente y sabroso.
▼ Pueden hacer pañuelitos más pequeños, para cóctel.

Triángulos de cuatro quesos

35 a 40 unidades

INGREDIENTES

500 gramos de masa phylo (página 154)
200 gramos de manteca derretida
RELLENO
500 gramos de ricota bien seca
250 gramos de queso de máquina rallado

250 gramos de mozzarella rallada
250 gramos de queso rallado bien sabroso
Sal, pimienta y nuez moscada
Yema para pincelar
Sésamo para espolvorear

❱ Dividir las hojas de masa *phylo* en tiras de 10 cm de ancho por el largo de la masa. Pincelar con manteca derretida.
❱ Mezclar todos los ingredientes del relleno, tratando de que quede unido y a la vez bien seco.
❱ Colocar un poco de relleno en el extremo de cada tira de masa. Ir doblando en forma de triángulo hasta llegar al final, de modo que el relleno quede encerrado en muchas capas de masa.
❱ Pincelar con yema diluida en agua. Espolvorear con semillitas de sésamo. Apoyar sobre una placa.
❱ Llevar al horno precalentado, de moderado a fuerte. Cocinar durante 15 minutos aproximadamente, hasta que se doren.

SECRETITO
▼ Les pueden agregar cebolla picadita rehogada en manteca (para esta cantidad, 300 gramos aproximadamente).

Knishes

5 docenas

INGREDIENTES

MASA
½ kilo de harina
1 cucharadita de sal
3 cucharadas de aceite
50 gramos de manteca
Agua tibia
Aceite para pincelar

RELLENO 1
4 papas hervidas y pisadas
  con 1 cucharada de manteca
2 cucharadas de cebolla picada
  y rehogada en manteca
Sal y pimienta

RELLENO 2
250 gramos de ricota
1 taza de espinaca hervida
  y picada
½ taza de queso rallado
1 cebolla picada y rehogada
  en manteca
Sal, pimienta y nuez moscada

RELLENO 3
250 gramos de ricota
100 gramos de jamón procesado
½ taza de queso rallado
Sal, pimienta y nuez moscada

❱ Hacer la masa con los ingredientes indicados, siguiendo el procedimiento de la masa para *strudel* (página 152). Dejarla descansar ½ hora en la heladera.
❱ Mientras tanto, integrar los ingredientes de cada relleno.
❱ Dividir la masa en tres bollitos. Estirar cada uno con el palote sobre la mesada un poco enharinada, hasta lograr un espesor bastante fino. Deslizar las manos debajo de la masa y continuar estirando desde el centro hacia afuera con las yemas de los dedos y las palmas, formando un círculo grande. La masa debe quedar casi transparente en los bordes y un poquito más gruesa en el centro. Pincelar los círculos con aceite, para darles elasticidad.
❱ Colocar el relleno siguiendo el contorno de cada círculo, formando un chorizo de no más de 3 cm de grosor y dejando alrededor un borde libre del ancho de una mano. Doblar este borde de masa sobre el relleno.
❱ Enrollar siempre en redondo, dándole a la masa un estironcito hacia atrás en cada vuelta, hasta que el círculo se termine de afinar y se rompa en el centro. Quedará un cordón circular de masa y relleno.
❱ Pasar el canto de la mano por harina y marcar el cordón cada 4 o 5 cm. Cortar por las marcas, siempre con el canto de la mano enharinado. Quedarán porciones cerradas de ambos lados por una tirita de masa aplastada. Con el dedo índice hundir la tirita en el centro de cada lado, para formar los "ombligos" característicos y achatar los *knishes*.

❱ Acomodarlos en una placa, con un ombligo hacia abajo y otro hacia arriba. Rociarlos con unas gotas de aceite.
❱ Llevarlos al horno precalentado, más fuerte que moderado. Cocinarlos de 20 a 25 minutos, hasta que la masa se cocine sin dorarse.
❱ Servirlos calentitos o tibios.

SECRETITOS
▼ Los clásicos son los de papa. La clave está en hervir las papas con cáscara para que no absorban agua y rehogar la cebolla (que puede reemplazarse por puerro) hasta que se dore.
▼ Si quieren cambiar el relleno de verdura, usen partes iguales de espinaca y acelga, hervidas y bien escurridas. Se pueden procesar, pero quedan mejor picadas a cuchillo.
▼ Siempre hay que cuidar que los rellenos queden súper secos.

Canapés con mini cebollitas
50 unidades

INGREDIENTES

1 pan de aceitunas bien estacionado
Mini cebollitas (tantas como tostadas se obtengan)
Jamón crudo en lonjas grandes
y delgadas (la mitad de las tostadas)
Bocconcini o cuadraditos de mozzarella (tantos como tostadas)

❱ Cortar el pan en rebanadas y éstas en triángulos. Tostarlos en el horno.
❱ Retirar el centro de cada cebollita y colocar dentro un *bocconcino* o cuadradito de *mozzarella*.
❱ Cortar las lonjas de jamón por la mitad, a lo largo. Envolver cada cebollita en media lonja.
❱ Colocar las cebollitas sobre las tostadas y apoyar los canapés en una placa.
❱ Justo antes de servir gratinar unos minutos en el horno.

Hagan el pan de aceitunas (página 131) en un molde, uno o dos días antes, y guárdenlo en la heladera.
En la fórmula de estos canapés no cambiaría por nada del mundo el jamón crudo, ya que la combinación de éste con los demás ingredientes es perfecta.

Canapés de espárragos, jamón y queso

20 unidades

INGREDIENTES

1 y 1/2 kilo de espárragos verdes chiquitos
10 cucharaditas de manteca blanda
20 rebanadas de pan de campo o baguette

2 y 1/2 tazas de queso parmesano rallado
1 y 1/4 taza de mayonesa
200 gramos de jamón cocido, en lonjas

▶ Cortar las puntas de los espárragos dejándoles algo de tallo para que queden de la misma medida que las rebanadas de pan. Blanquearlas durante 5 minutos, cuidando que queden armaditas. Escurrirlas y secarlas bien.
▶ Untar con manteca las rebanadas de pan. Tostarlas en el horno. Retirarlas y dejarlas enfriar.
▶ Mezclar el queso parmesano con la mayonesa.
▶ Colocar las lonjas de jamón sobre las tostadas y recortar los bordes para que queden prolijos.
▶ Acomodar las puntas de espárragos sobre el jamón y cubrir con la mezcla de queso.
▶ Ubicar los canapés en una placa.
▶ Gratinar 2 minutos en el horno caliente y servir.

SECRETITOS
▼ Para lucirse con estos canapés es ideal preparar un pan de campo con la receta de la página 132, pero sin quesos y en forma de *baguette*.
▼ También pueden hacerlos bien chiquitos, cortando el pan con un cortapastas; así quedan perfectos como *amuse-guelle* (bocadito que se da antes de una comida).

Canapés de jamón crudo y camembert

2 docenas

INGREDIENTES

24 rebanadas delgadas de focaccia
Queso Philadelphia para untar
2 quesos camembert *no muy maduros*
12 lonjas de jamón crudo de buenísima calidad, sin grasa

▶ Tostar un poco en el horno las rebanadas de *focaccia*, para que tomen consistencia firme.
▶ Untarlas apenas con un poco de queso Philadelphia.
▶ Dividir cada *camembert* en 12 triángulos.
▶ Cortar en dos las lonjas de jamón crudo y envolver cada triangulito en media lonja.
▶ Colocarlos sobre las tostadas de *focaccia*.
▶ Apoyar los canapés sobre una placa.
▶ Llevar al horno apenas unos segundos, hasta que el queso se ablande un poquito.

SECRETITO

▼ Elijan la *focaccia* que más les guste: con *échalotes* (página 136), con nueces (página 139) o con aceitunas (página 138).
▼ Las lonjas de jamón tienen que ser finas pero anchas. ¿Parece una contradicción? Quiero decir que sean de poco espesor y buen tamaño.
▼ Estos canapés son internacionales, porque reúnen el sello italiano de la *focaccia* y el jamón con el *camembert* de origen francés. Y para acompañarlos propongo que elijan alguno de los buenos vinos tintos argentinos (que cada día los hay mejores y nada tienen que envidiar a los de países con mayor tradición vitivinícola).

Bocados y bocaditos • **183**

Mini quiches de verduras en panceta

20 unidades

INGREDIENTES

3 zanahorias grandes
3 zucchini
2 puerros
20 lonjas de panceta ahumada
(o un par más, por las dudas)

1 taza de crema de leche
3 huevos
½ taza de queso rallado
　bien sabroso
Sal y pimienta

▶ Cortar todas las verduras en juliana. Blanquearlas, escurrirlas y secarlas.
▶ Colocar las lonjas de panceta en una placa, bien extendidas. Cubrirlas con *sil-pat* y apoyar encima otra placa que las aplaste, para que no se achiquen ni retuerzan con el calor.
▶ Cocinarlas en el horno fuerte.
▶ Ubicarlas dentro de moldes para *muffins*, tarteletas o aros de 7 cm de diámetro aproximadamente, cuidando que queden adheridas al contorno.
▶ Mezclar las verduras con la crema, los huevos, el queso, sal y pimienta.
▶ Repartir la preparación en los moldes.
▶ Llevar al horno precalentado, de moderado a máximo. Cocinar hasta que la mezcla de verduras coagule.
▶ Dejar reposar unos minutos antes de desmoldar.

SECRETITOS

▼ Para que la panceta ahumada conserve la forma de los moldes, elijan una sin nada de grasa, en lonjas largas, no muy finas ni muy gruesas.
▼ Los *zucchini* quedarán más lindos si utilizan sólo la parte externa, para que se destaque el color de la cáscara.

Tartas y pies

Tarta de miel

10 porciones

INGREDIENTES

Pâte sucrée *(página 151)*
2 cucharadas de mermelada de damascos
2/3 de taza de azúcar
1 y 1/2 taza de almendras fileteadas
90 gramos de manteca
2 cucharadas de miel
2 cucharadas de crema de leche
1/3 de taza de frutas abrillantadas picadas
1 cucharada de kirsch

- Estirar la masa y forrar una tartera Nº 28. Pinchar con un tenedor.
- Hornear de 8 a 10 minutos, hasta que se vea dorada.
- Calentar la mermelada sobre fuego suave. Pasarla por colador chino. Pintar con ella la masa horneada.
- Colocar los ingredientes restantes en una sartén sobre llama mínima.
- Revolver hasta que se integren perfectamente.
- Dejar enfriar un poco y volcar sobre la masa.
- Llevar al horno de 10 a 15 minutos, hasta que el relleno haga burbujas.
- Retirar y dejar enfriar bien antes de cortar.

SECRETITO

▼ También la pueden hacer en una placa rectangular, para cortar masitas triangulares y servirlas con el café. Se conservan durante varios días.

Tarta de manzanas delikatessen

12 porciones

INGREDIENTES

MASA
400 gramos de harina
1 cucharadita de bicarbonato de sodio
7 cucharadas de azúcar
250 gramos de manteca
3 yemas

RELLENO
6 manzanas
1 taza + 3 cucharadas colmadas de azúcar
200 cc de crema de leche
5 huevos
2 cucharadas no muy llenas de harina
Esencia de vainilla

▶ Para hacer la masa mezclar la harina con el bicarbonato y el azúcar.
▶ Agregar la manteca y desmenuzarla, integrándola con los ingredientes secos.
▶ Unir con las yemas.
▶ Estirar y forrar un molde N° 30.
▶ Hornear durante 30 minutos.
▶ Pelar y trozar las manzanas para preparar el relleno.
▶ Cocinarlas junto con la taza de azúcar hasta obtener una compota.
▶ Escurrir y reservar por separado las manzanas y el jugo que hayan soltado.
▶ Mezclar el jugo de la compota con la crema de leche y los huevos.
▶ Agregar las 3 cucharadas colmadas de azúcar, la harina y la esencia de vainilla.
▶ Colocar las manzanas sobre la masa cocida y volcar arriba la mezcla de crema.
▶ Llevar al horno precalentado, moderado. Cocinar durante 45 minutos aproximadamente, hasta que coagule el relleno.

SECRETITO
▼ No sé si hace falta decirles algo más; solamente que es imperdible y que no dejen de hacerla.

Tarta de manzanas o dátiles o ciruelas

8 porciones

INGREDIENTES

150 gramos de manteca
150 gramos de azúcar común
3 huevos
150 gramos de harina
75 gramos de nueces picadas
3 manzanas (o 1 y ½ taza de ciruelas secas o dátiles, remojados en 250 cc de agua y 250 cc de vino)
75 gramos de azúcar impalpable

▶ Mezclar en un bol la manteca con el azúcar común.
▶ Incorporar los huevos de a uno, la harina y las nueces.
▶ Colocar la mezcla en una tartera desmontable Nº 26, enmantecada.
▶ Cortar las manzanas en láminas finas y acomodarlas sobre la mezcla.
▶ Si se usan ciruelas secas o dátiles, remojarlos en la mezcla agua y vino durante 10 minutos. Escurrirlos y disponerlos sobre la mezcla.
▶ Llevar al horno precalentado, moderado. Cocinar durante 20 minutos.
▶ Espolvorear con el azúcar impalpable y hornear 5 minutos más, hasta que se dore la superficie.

SECRETITOS

▼ En lugar de una tarta pueden hacer tarteletas en moldes individuales de 10 cm de diámetro.
▼ Esto es lo que me gusta de la cocina: la posibilidad de variar sabores y formas para darle el gusto a todo el mundo y adaptar las recetas para ofrecer lo mejor en cada ocasión.

Tarta de naranja acaramelada

6 porciones

INGREDIENTES

MASA
1 y ½ taza + 3 cucharadas de harina 0000
½ taza de azúcar impalpable
1 pizca de sal
½ taza + 3 cucharadas de manteca
1 huevo batido
2 cucharadas de agua fría

RELLENO
4 huevos grandes
1 taza de azúcar
½ taza de jugo de naranja
2 cucharadas de jugo de limón
Ralladura de 1 naranja
¼ de taza de crema de leche
2 cucharadas de azúcar impalpable para gratinar

- Combinar la harina con el azúcar impalpable y la sal para hacer la masa.
- Agregar la manteca y desmenuzarla.
- Incorporar el huevo y mezclar, uniendo con el agua fría.
- Enfriar en la heladera durante 30 minutos.
- Estirar la masa, forrar un molde N° 24 y enfriar 30 minutos más.
- Hornear durante 18 minutos y reservar.
- Preparar el relleno procesando los huevos junto con el azúcar, los jugos de cítricos y la ralladura de naranja.
- Batir la crema de leche a medio punto y unirla con la mezcla procesada.
- Verter la preparación sobre la masa precocida.
- Hornear durante 25 minutos.
- Retirar, dejar enfriar y refrigerar.
- Espolvorear con el azúcar impalpable y gratinar.

SECRETITO
▼ Gratinen siempre en el horno bien caliente o, mejor, en el *grill*, para que la superficie se dore rápidamente.

Tarta de peras genovesa

12 porciones

INGREDIENTES

MASA
200 gramos de harina
125 gramos de manteca
Pizcas de sal y azúcar
1 huevo
1 cucharada de leche
RELLENO
20 gramos de harina
1 cucharada de canela
50 gramos de almendras procesadas

50 gramos de azúcar común
8 peras bien maduras
100 gramos de cáscara de naranja
   confitada
100 gramos de pasas de uva
100 cc de crema de leche
100 cc de vino blanco
1 cucharadita de aceite de nuez
40 gramos de azúcar rubia

◗ Para hacer la masa poner en un bol la harina, la manteca fría, la sal, azúcar, el huevo y la leche.
◗ Trabajar primero con las puntas de los dedos y luego mezclar con cuchara de madera, hasta formar una masa lisa.
◗ Estirar y forrar una tartera. Reservar mientras se prepara el relleno.
◗ Combinar la harina con la canela, las almendras procesadas y el azúcar común.
◗ Mezclar bien y esparcir sobre la masa.
◗ Pelar las peras y blanquearlas. Cortarlas en tajadas.
◗ Disponerlas sobre la mezcla de almendras, intercalando la cáscara de naranja en trocitos y las pasas de uva.
◗ Unir la crema de leche con el vino blanco y el aceite de nuez. Verter sobre las peras.
◗ Espolvorear con el azúcar rubia.
◗ Llevar al horno, a temperatura moderada, y cocinar durante 1 hora.

SECRETITO
▼ La mezcla que se coloca sobre la masa cruda absorbe el jugo que sueltan las peras al cocinarse y evita que se humedezca el fondo de la tarta.

Tarta de tres perfumes

10 porciones

INGREDIENTES

MASA
350 gramos de harina 0000
130 gramos de azúcar
1 pizca de sal
130 gramos de almendras procesadas
120 gramos de manteca blanda
2 huevos
1 pizca de canela

RELLENO
Jugo y ralladura de 1 limón
400 gramos de azúcar
1 kilo de frambuesas frescas
50 gramos de almendras procesadas
4 cucharadas de jalea de grosellas

▶ Tamizar la harina con el azúcar y la sal para preparar la masa.
▶ Hacer un hueco en el centro y colocar allí las almendras, la manteca y los huevos. Perfumar con la canela.
▶ Trabajar con las manos, uniendo los ingredientes centrales con los de alrededor hasta obtener una masa homogénea. Enfriar en la heladera.
▶ Para el relleno poner en una cacerola el jugo y la ralladura de limón, junto con el azúcar.
▶ Calentar sobre fuego suave hasta que el azúcar se disuelva.
▶ Incorporar las frambuesas y cocinarlas apenas 5 minutos, hasta que se pongan tiernas.
▶ Retirar del fuego y dejar entibiar.
▶ Incorporar las almendras procesadas.
▶ Estirar la masa. Con ¾ partes forrar un molde N° 28 y con el resto cortar tiras.
▶ Untar el fondo de la tarta con la jalea de grosellas, colocar el relleno y cubrir con las tiras dispuestas en cruz.
▶ Llevar al horno precalentado. Cocinar durante 35 minutos, hasta que se dore.
▶ Retirar, dejar entibiar y servir.

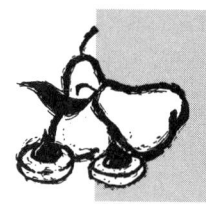

SECRETITO
▼ Si no hay frambuesas frescas pueden usar mermelada de frambuesas y omitir la cocción con azúcar y limón.

Tarta flan de duraznos

6 porciones

INGREDIENTES

MASA
250 gramos de harina leudante
1 pizca de sal
125 gramos de manteca blanda
75 gramos de azúcar

RELLENO
1 kilo de duraznos no muy maduros
300 gramos de azúcar
1 cucharadita de canela
4 yemas
300 cc de crema de leche

- Para hacer la masa mezclar la harina con la sal dentro de un bol.
- Incorporar la manteca trabajando con la punta de los dedos.
- Agregar el azúcar y unir bien.
- Estirar la masa y forrar un molde desmontable N° 24, enmantecado.
- Preparar el relleno haciendo una compota con los duraznos en mitades, descarozados, y parte del azúcar. Dejar enfriar.
- Escurrir los duraznos y disponerlos en el fondo de la tarta.
- Mezclar la canela con el resto del azúcar y espolvorear la fruta.
- Batir las yemas con la crema de leche. Verter sobre los duraznos.
- Cocinar en el horno caliente durante 30 minutos.

SECRETITO
▼ Batan las yemas con la crema sólo lo necesario para unir. ¡No se entusiasmen!

Tarta Linzer con estrellas

24 porciones

INGREDIENTES

2 y 1/2 tazas de almendras
2 tazas de azúcar impalpable
3 y 1/4 tazas de harina
1 y 1/4 taza de manteca
2/3 de taza de fécula de maíz
1/2 cucharadita de sal
1 huevo
2 y 1/2 cucharadas de jugo de limón
2 tazas de mermelada de frambuesas

- Procesar las almendras junto con el azúcar impalpable. Retirar y reservar.
- Procesar la harina con la manteca, la fécula de maíz y la sal, hasta formar grumos.
- Combinar las dos mezclas.
- Incorporar el huevo y el jugo de limón.
- Unir hasta formar una masa.
- Reservar 1/3. Estirar la parte mayor y forrar una placa de 60 x 40 cm.
- Cubrir con la mermelada de frambuesas.
- Estirar la masa reservada y cortar estrellitas. Acomodarlas sobre la mermelada.
- Llevar al horno precalentado, de moderado a fuerte. Cocinar durante 40 minutos aproximadamente.

SECRETITO

▼ La combinación de la masa con almendras y el relleno de frambuesas es la fórmula básica de una especialidad que es orgullo de la ciudad alemana de Linz, por eso las tartas de este tipo se llaman Linzer.

Linzer diferente

24 porciones

INGREDIENTES

MASA
170 gramos de almendras tostadas
230 gramos de azúcar impalpable
2 claras
550 gramos de manteca en cubitos
4 huevos
2 cucharaditas de canela
2 cucharaditas de esencia de vainilla
1 pizca de sal
400 gramos de harina

170 gramos de castañas tostadas
y procesadas
170 gramos de avellanas tostadas
y procesadas

RELLENO
1 kilo de damascos frescos
1 taza de azúcar
1/2 litro de crema pastelera
(página 239)

▶ Para hacer la masa, combinar en la procesadora las almendras con el azúcar y las claras.
▶ Procesar hasta que se forme una pasta.
▶ Incorporar la manteca, siempre en la procesadora o bien en un bol.
▶ Agregar los huevos y seguir mezclando.
▶ Añadir la canela, la vainilla y la sal. Mezclar 2 minutos.
▶ Incorporar la harina y las frutas secas procesadas.
▶ Una vez todo unido enfriar durante 1 hora en la heladera.
▶ Separar 1/4 de la masa y reservarlo.
▶ Estirar la parte mayor y colocarla sobre una placa de 60 por 40 cm. Pintar con huevo batido y enfriar en la heladera.
▶ Para el relleno partir los damascos por el medio y descarozarlos. Cocinarlos en una sartén con el azúcar, cuidando que no se desarmen.
▶ Colocar la crema pastelera sobre la masa. Acomodar arriba los damascos.
▶ Estirar la masa reservada, cortar tiras y formar un enrejado entre los damascos.
▶ Llevar al horno precalentado, de moderado a fuerte. Cocinar durante 40 minutos aproximadamente.

SECRETITO
▼ También se puede hacer en forma redonda o como mini tartas.

Mini tartas de frambuesas

10 unidades

INGREDIENTES

Pâte sablée *con crema (página 152)*
RELLENO DE FRAMBUESAS
400 gramos de frambuesas frescas
½ taza de azúcar
1 y ½ cucharadita de canela
RELLENO DE ALMENDRAS
¾ de taza de almendras tostadas
¾ de taza de azúcar impalpable
2 huevos grandes
1 taza de crema de leche
1 cucharadita de esencia de vainilla

- Enmantecar 10 moldecitos para tarteletas de 10 cm de diámetro.
- Forrarlos con la masa. Enfriar en la heladera.
- Para el primer relleno mezclar las frambuesas con el azúcar y la canela.
- Para el otro, procesar las almendras junto con el azúcar impalpable. Añadir los huevos, la crema de leche y la esencia de vainilla. Seguir procesando hasta lograr una textura homogénea y suave.
- Colocar sobre la masa las frambuesas y sobre éstas la crema de almendras.
- Hornear durante 15 minutos, hasta que se dore la superficie.
- Retirar y dejar enfriar.

SECRETITO
▼ Son un manjar, más aún si las acompañan con helado.

Pastafrola diferente Perica

10 porciones

INGREDIENTES

350 gramos de harina
1 cucharadita de bicarbonato
   de sodio
150 gramos de manteca
3 yemas
4 cucharadas de azúcar
1 cucharadita de esencia de vainilla
Agua
500 gramos de dulce de leche
2 bananas
Azúcar extra para espolvorear

▶ Poner la harina en un bol, junto con el bicarbonato.
▶ Hacer un hoyo en el medio y colocar allí la manteca, las yemas, el azúcar y la esencia de vainilla.
▶ Unir los ingredientes del centro y luego incorporarles la harina de alrededor, agregando un poquito de agua para formar una masa de consistencia regular.
▶ Reservar una pequeña parte. Estirar el resto y forrar un molde N° 28.
▶ Rellenar con el dulce de leche. Hacer encima un enrejado con tiritas de la masa reservada. En cada cuadradito colocar una rodaja de banana espolvoreada con azúcar.
▶ Cocinar en horno precalentado, moderado, durante 30 minutos.

SECRETITO
▼ Esta pastafrola es ideal para los chicos. Se la dedico a mi amiga Perica, porque en la infancia le encantaba y yo se la hacía para el té.

Apple pie con masa de queso
10 porciones

INGREDIENTES

MASA
1 y 1/2 taza de harina 0000
1 cucharadita de polvo para hornear
2 cucharadas de azúcar
125 gramos de manteca
1/2 taza de queso fresco rallado
1/4 de taza de agua aproximadamente
RELLENO
4 manzanas grandes peladas y cortadas en cubitos
1 cucharada de jugo de limón
1 cucharada de harina
1/3 de taza de azúcar
1/4 de cucharadita de canela
CRUMBLE
1/3 de taza de azúcar rubia
1/3 de taza de harina 0000
1/2 taza de nueces procesadas
60 gramos de manteca

▶ Para la masa, combinar en un bol la harina, el polvo para hornear y el azúcar.
▶ Unir con la manteca.
▶ Agregar el queso y agua suficiente para formar una masa.
▶ Estirarla, forrar un molde para tarta y refrigerar.
▶ Cubrir con papel manteca y rellenar con porotos. Precocinar 7 minutos en el horno.
▶ Quitar los porotos y el papel. Hornear 7 minutos más.
▶ Preparar el relleno mezclando las manzanas con el jugo de limón, la harina, el azúcar y la canela.
▶ Unir los ingredientes del *crumble* hasta lograr una textura granulosa.
▶ Colocar el relleno sobre la masa y espolvorear con el *crumble*.
▶ Cocinar en el horno, a temperatura moderada, durante 30 minutos.

SECRETITO
▼ Acompáñenlo con crema, ¡queda delicioso!

Chocolate chess pie

8 porciones

INGREDIENTES

MASA
1 y 1/4 taza de harina 0000
1/4 de cucharadita de sal
120 gramos de manteca fría
2 a 4 cucharadas de agua fría
RELLENO
90 gramos de chocolate semiamargo
90 gramos de manteca
1 y 1/3 taza de azúcar
2 cucharadas de harina 0000
1/4 de cucharadita de sal
4 huevos grandes
30 cc de crema de leche
1 cucharada de ron
1 y 1/2 cucharadita de esencia
de vainilla

▶ Colocar en un bol la harina y la sal, para hacer la masa.
▶ Incorporar la manteca en trocitos. Deshacerla integrándola con los ingredientes secos.
▶ Unir con agua fría hasta formar una masa que se desprenda de las paredes del bol.
▶ Estirarla, forrar una tartera y enfriar en la heladera.
▶ Hornear durante 30 minutos a temperatura moderada.
▶ Para el relleno, derretir el chocolate y la manteca a baño de María. Dejar enfriar.
▶ Combinar el azúcar con la harina y la sal.
▶ Batir apenas los huevos. Agregarlos a la mezcla de azúcar.
▶ Unir con el chocolate, la crema, el ron y la vainilla.
▶ Colocar la preparación sobre la masa cocida.
▶ Hornear durante 40 minutos más.
▶ Dejar enfriar por lo menos 4 horas.

SECRETITO
▼ Es mejor comerlo a temperatura ambiente.

Peach pie

8 porciones

INGREDIENTES

MASA
2 tazas de harina
1 pizca de sal
3/4 de taza de manteca
3 cucharadas de agua fría

RELLENO
5 duraznos priscos grandes
Almíbar liviano
2 cucharadas de jugo de limón
3/4 de taza de azúcar
1/4 de taza de harina
Huevo para pintar

- Para hacer la masa colocar en un bol la harina y la sal.
- Agregar la manteca y deshacerla integrándola con los ingredientes secos.
- Unir con el agua fría para formar la masa.
- Estirarla y forrar una tartera N° 24 o 26, reservando una parte para cortar tiras y hojitas.
- Preparar el relleno cocinando los duraznos enteros en el almíbar, sin dejar que se ablanden demasiado.
- Dejarlos enfriar. Escurrirlos, pelarlos y descarozarlos.
- Rociarlos con el jugo de limón. Espolvorearlos con el azúcar y la harina.
- Colocarlos sobre la masa y cubrirlos con tiras cruzadas.
- Pincelar el borde con huevo y decorar con hojitas de masa.
- Llevar al horno precalentado, de moderado a fuerte, ubicando la tartera en el estante inferior para que la masa del fondo reciba calor directo y no se humedezca. Cocinar durante 45 minutos.

SECRETITO
▼ Una vez pelados y descarozados los duraznos conviene secarlos con papel absorbente. Si les parece que de todos modos quedan muy jugosos, precocinen la masa a blanco.

Pie de frutas secas

10 porciones

INGREDIENTES

MASA
3 tazas de harina 0000
3 cucharadas de azúcar
1 taza de manteca fría
1 huevo
1 yema
5 cucharadas de vino blanco

RELLENO
3 y 1/2 tazas de almendras y nueces tostadas
1 y 1/2 taza de miel
1/2 taza de coñac
Yema y leche para pintar
Azúcar para espolvorear

- Colocar en un bol la harina y el azúcar, para hacer la masa.
- Poner en el centro la manteca fría.
- Integrar todo trabajando con la punta de los dedos.
- Incorporar la yema y el huevo.
- Unir con el vino hasta formar una masa.
- Dividirla en dos partes y estirarlas.
- Forrar un molde N° 28 con la mitad de la masa.
- Pinchar con un tenedor y enfriar en la heladera.
- Preparar el relleno combinando las frutas secas con la miel y el coñac.
- Colocar la mezcla sobre la masa y cubrir con la otra parte.
- Pincelar con yema diluida en leche y espolvorear con azúcar.
- Hornear durante 50 minutos aproximadamente, hasta que se dore la superficie.

SECRETITO
▼ Es riquísimo tibio, con helado de crema.

Pie de chocolate y nueces

8 porciones

INGREDIENTES

Pâte sucrée *(página 151)*
240 gramos de chocolate
1 taza de melaza de maíz
3 huevos
1/4 de taza de azúcar rubia
1 pizca de sal
1/2 cucharadita de esencia de vainilla
1 y 1/4 taza de nueces tostadas

◗ Estirar la masa y forrar un molde N° 26.
◗ Enfriar en la heladera.
◗ Trozar el chocolate, ponerlo en un jarrito y derretirlo a baño de María.
◗ Batir juntos la melaza de maíz, los huevos, el azúcar rubia, la sal, la esencia y el chocolate derretido.
◗ Incorporar las nueces.
◗ Verter la preparación sobre la masa.
◗ Llevar al horno precalentado. Cocinar de 40 a 45 minutos, hasta que el centro esté firme.
◗ Dejar enfriar y servir con crema de leche batida a medio punto.

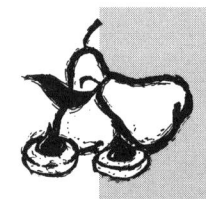

SECRETITOS
▼ Cuando se doren los bordes de la masa cúbranlos con papel de aluminio, para que no se tuesten demasiado.
▼ Con la misma receta pueden hacer mini tarteletas en moldecitos de 3 o 4 cm de diámetro, para servirlas como *petits fours* con el café.

Pie de nueces con Kahlúa y chips de chocolate

8 porciones

Ingredientes

Pâte brissée *(página 151)*
1/4 de taza de manteca a temperatura ambiente
1/2 taza de azúcar
1 cucharada de harina 0000
3/4 de taza de melaza de maíz
1/2 taza de chips de chocolate
3 huevos grandes
1/4 de taza de Kahlúa
1 cucharadita de esencia de vainilla
1 taza de nueces tostadas, en trozos

▶ Dividir la masa en dos partes. Estirarlas y forrar con la mitad una tartera N° 26. Guardar en la heladera mientras se prepara el relleno.
▶ Batir la manteca con el azúcar. Agregar la harina.
▶ Derretir la melaza de maíz. Incorporar los *chips* de chocolate y dejar que se ablanden un poco con el calor. Dejar enfriar.
▶ Añadir a la melaza los huevos de a uno. Unir con la mezcla de manteca, azúcar y harina.
▶ Incorporar el Kahlúa, la esencia de vainilla y las nueces.
▶ Volcar el relleno sobre la masa. Tapar con la otra parte.
▶ Llevar al horno de moderado a fuerte. Cocinar durante 40 minutos.

SECRETITO
▼ El Kahlúa es un famosísimo licor de café (y la fama se la merece, porque es muy bueno).

Pie de nueces y manzanas

10 porciones

INGREDIENTES

MASA
1 taza + 3 cucharadas
  de harina 0000
1/2 cucharadita de sal
1 y 1/2 cucharada de azúcar
7 cucharadas de manteca
1 yema grande
1 a 2 cucharadas de agua fría
RELLENO
6 manzanas
1/4 de taza de manteca

1/2 taza de azúcar
1 cucharada de canela
1/4 de taza de pasas de uva
2 cucharadas de calvados
1/2 taza de nueces
CUBIERTA
1/2 taza de harina 0000
1/2 taza de azúcar
1/2 taza de nueces tostadas
  y un poco procesadas
1/4 de taza de manteca fría en trocitos

▸ Para hacer la masa poner en un bol la harina, la sal, el azúcar y la manteca.
▸ Agregar la yema y el agua y trabajar apenas lo necesario para unir.
▸ Enfriar en la heladera durante 2 horas.
▸ Estirar la masa, tapizar un molde desmontable y pinchar con un tenedor.
▸ Cocinarla en el horno precalentado durante 20 minutos, hasta que se dore.
▸ Pelar las manzanas y cortarlas en tajadas para preparar el relleno. Cocinarlas durante 20 minutos junto con la manteca, el azúcar, la canela, las pasas y el calvados.
▸ Dejar enfriar y unir con las nueces.
▸ Hacer la cubierta combinando la harina con el azúcar, las nueces y la manteca. Mezclar hasta obtener un granulado.
▸ Rellenar la base de masa precocida con la preparación de manzanas.
▸ Espolvorear con la mezcla de la cubierta.
▸ Cocinar durante 30 minutos en el horno precalentado, de moderado a fuerte.

SECRETITO
▼ Acompáñenlo con helado de vainilla y una salsa que se hace calentando durante 5 minutos 1 taza de melaza de maíz con 1 tapita de whisky y unas gotas de esencia de vainilla.

Pie de castañas

8 porciones

INGREDIENTES

MASA	RELLENO
200 gramos de harina	½ kilo de castañas
1 cucharadita de polvo para hornear	½ litro de leche aproximadamente
	1 chaucha de vainilla
2 cucharadas de azúcar	150 gramos de azúcar
100 gramos de manteca	25 gramos de harina
2 yemas	2 yemas
1 cucharada de leche	1 huevo

▶ Para la masa mezclar la harina con el polvo para hornear y el azúcar.
▶ Con la punta de los dedos ir integrando la manteca, las yemas y la leche hasta formar una masa compacta. Dejarla descansar.
▶ Preparar el relleno cocinando las castañas en la leche, con la vainilla. Escurrirlas, reservando ¼ litro de la leche.
▶ Quitarles la piel finita. Guardar 8 enteras y pasar las demás por cedazo o procesadora.
▶ Poner en una cacerola el azúcar, la harina, las yemas y el huevo.
▶ Revolver con batidor, agregar la leche reservada y llevar al fuego. Hervir durante unos minutos.
▶ Retirar e incorporar las castañas procesadas y las enteras. Quedará una crema *patisserie* de castañas. Dejarla enfriar.
▶ Dividir la masa en dos partes, una de ¾ y otra de ¼. Estirarlas.
▶ Forrar con la más grande un molde N° 26, enmantecado.
▶ Rellenar con la crema de castañas y tapar con el resto de la masa. Pintar con huevo batido.
▶ Cocinar en horno, a temperatura moderada, durante 1 hora más o menos.
▶ Servir bien frío.

SECRETITO

▼ Si están apuradas y quieren evitar el proceso de las castañas, les doy permiso para usar castañas envasadas siempre y cuando las consigan al natural, NO en almíbar... ¡ojo!

Pie enrejado de cerezas

6 porciones

INGREDIENTES

MASA
2 y 1/2 tazas de harina
1/2 cucharadita de sal
3/4 de taza de manteca
1/4 de taza de aceite
5 a 7 cucharadas
 de agua fría

RELLENO
6 tazas de cerezas frescas
1 taza + 2 cucharadas de azúcar
1/2 cucharadita de sal
1/2 cucharadita de canela
1/4 de taza de fécula de maíz
2 cucharadas de esencia de vainilla

▶ Hacer la masa procesando la harina junto con la sal, la manteca y el aceite.
▶ Agregar de a poco el agua para unir, siempre con la máquina funcionando.
▶ Dividir la masa en dos partes y estirarlas.
▶ Forrar una tartera N° 24 con la mitad de la masa.
▶ Descarozar las cerezas para preparar el relleno.
▶ En un bol combinar el azúcar con la sal, la canela y la fécula.
▶ Agregar las cerezas, perfumar con la esencia y revolver.
▶ Verter esta preparación sobre la masa.
▶ Cubrir con tiras hechas con la otra mitad de la masa.
▶ Colocar el molde en el estante inferior del horno precalentado, de moderado a fuerte. Cocinar de 30 a 35 minutos.

SECRETITO
▼ No dejen de acompañar el *pie* con un heladito de crema.

Quiche con salmón ahumado

8 porciones

INGREDIENTES

2 cebollas grandes
30 gramos de manteca
300 cc de crema de leche
2 cucharaditas de fécula de maíz
1 cucharadita de vinagre
Sal y pimienta
300 gramos de hojaldre
  (página 147 o 148)
5 láminas de salmón ahumado

- Cortar las cebollas en juliana.
- Rehogarlas en una sartén con la manteca hasta que estén transparentes.
- Agregar la crema de leche y cocinar 5 minutos.
- Diluir la fécula de maíz en un poquito de agua fría acidulada con el vinagre.
- Verterla en la sartén y dejar que espese.
- Retirar, condimentar con sal y pimienta y dejar enfriar.
- Estirar el hojaldre dándole forma rectangular o redonda y tapizar una tartera.
- Cubrirla con la crema de cebollas y las láminas de salmón ahumado.
- Llevar al horno hasta que el relleno quede firme.

SECRETITOS

▼ Las *quiches* son tartas típicas de la campiña francesa que no desentonan en una mesa informal ni en un menú refinado.

▼ Es importante elegir un buen salmón, que no sea demasiado salado, aunque cueste un poquito más.

Verdadera pascualina

10 porciones

INGREDIENTES

250 gramos de masa phylo
(página 154)
100 gramos de manteca derretida
RELLENO
2 cebollas
100 gramos de manteca
2 cucharadas de harina

300 cc de leche
3 atados de espinaca cocida
3 atados de acelga cocida
300 gramos de queso rallado
bien sabroso
500 gramos de ricota
5 huevos

▶ Pincelar las hojas de masa *phylo* con la manteca derretida. Superponerlas formando dos conjuntos de cuatro hojas. Colocar uno dentro de un molde y reservar el otro.
▶ Rehogar las cebollas cortaditas en la manteca para preparar el relleno.
▶ Añadir la harina y la leche, revolviendo con batidor de mano para que no se agrume. Cuando espese, retirar y dejar enfriar.
▶ Incorporar la espinaca y la acelga bien escurridas y procesadas.
▶ Unir con el queso rallado y la ricota.
▶ Colocar el relleno sobre la masa.
▶ Hacer huequitos junto al borde y colocar un huevo en cada uno.
▶ Tapar con las hojas de masa *phylo* reservadas.
▶ Pincelar la superficie con manteca derretida y espolvorear con queso rallado.
▶ Llevar al horno precalentado, de moderado a fuerte. Cocinar durante 50 minutos, hasta tener la seguridad de que los huevos han cuajado.

SECRETITO

▼ También la pueden hacer con masa para *strudel* en lugar de masa *phylo*. En este caso usen tres hojas abajo y tres arriba, también pinceladas con manteca.

Pascualina de alcauciles

12 porciones

INGREDIENTES

5 kilos de alcauciles
2 cebollas grandes
100 gramos de manteca
2 cucharadas de harina
300 cc de leche
300 gramos de queso de rallar
   bien sabroso
3 huevos
Sal, pimienta y nuez moscada
Masa con aceite (página 150)

- Limpiar los alcauciles, hervirlos y dejarlos enfriar.
- Cortar las cebollas bien finas y rehogarlas en una cacerola con la manteca.
- Incorporar la harina y formar un *roux*, revolviendo rápidamente.
- Verter la leche, muy despacio, para obtener una salsa blanca.
- Fuera del fuego añadir los alcauciles escurridos, cortaditos.
- Agregar el queso rallado y unir con los huevos.
- Condimentar con sal, pimienta y nuez moscada.
- Forrar un molde N° 28 con las ¾ partes de la masa estirada.
- Rellenar con la preparación de alcauciles y cubrir con la masa restante.
- Cocinar en el horno precalentado, de moderado a fuerte, durante 40 minutos.

SECRETITO
▼ Que no les parezca una exageración la cantidad de alcauciles, pues al quitar las partes duras se reduce mucho.

Tarta acaramelada de cebolla y calabaza

8 porciones

INGREDIENTES

Cualquiera de las masas básicas saladas (páginas 147 a 154)
500 gramos de calabaza
2 cucharaditas de aceite de oliva
1 cebolla chica
1 cucharada de manteca
1 huevo grande
1 yema
1/3 de taza de crema de leche

75 gramos de queso fontina rallado
30 gramos de queso parmesano rallado
30 gramos de queso de cabra blando desmenuzado
2 cucharaditas de hierbas (romero, tomillo, mejorana)
Sal y pimienta
1/3 de taza de croûtons

▶ Estirar la masa elegida y forrar una tartera N° 26. Pinchar con un tenedor.
▶ Enfriar en la heladera durante 15 minutos.
▶ Hornear durante 20 minutos. Retirar y dejar enfriar.
▶ Cortar la calabaza en cubos. Pincelarlos con el aceite, ponerlos en una asadera y hornearlos hasta que estén tiernos.
▶ Cocinar la cebolla cortadita en una sartén con la manteca durante 20 minutos, hasta que se ablande y dore un poquito.
▶ Procesar la calabaza y mezclarla con la cebolla.
▶ Unir con el huevo y la yema.
▶ Incorporar la crema de leche y los quesos.
▶ Perfumar con las hierbas y salpimentar.
▶ Rellenar la base de masa con la preparación. Esparcir arriba los *croûtons*.
▶ Cocinar en el horno durante 50 minutos.

SECRETITOS

▼ Para hacer los *croûtons* descortecen pan del día anterior, córtenlo en dados y rocíenlos con un hilo de aceite.
▼ La presentación de esta tarta es muy novedosa y original.

Tarta de calabaza o zapallo japonés

12 porciones

INGREDIENTES

Pâte brissée *(página 151)*
1 cebolla grande
50 gramos de manteca
3 calabazas o 2 zapallos japoneses grandes
300 cc de crema de leche
5 huevos
1 tazón de queso parmesano rallado (300 gramos aproximadamente)
Sal, pimienta y nuez moscada

- Estirar la masa y forrar un molde N° 30, cuidando que llegue hasta el borde superior.
- Enfriar en la heladera.
- Cortar la cebolla en cuadraditos y dorarla en la manteca.
- Cocinar las calabazas o zapallos enteros, con cáscara, en microondas o en el horno; no hervirlos, para evitar que absorban agua, pues ésta impediría la coagulación del relleno.
- Pelarlos, quitarles las semillas y hacer un puré con la pulpa.
- Mezclarlo con la cebolla rehogada.
- Unir con la crema de leche y los huevos.
- Incorporar el queso rallado.
- Sazonar con sal, pimienta y nuez moscada.
- Colocar la preparación sobre la masa.
- Llevar al horno precalentado, fuerte al principio, para que se cocine la masa rápidamente, y luego moderado, hasta que coagule el relleno.
- Retirar y dejar reposar unos 10 minutos antes de desmoldar.

SECRETITO
▼ ¡Ojo al elegir los zapallos! Para que queden bien secos y sabrosos, los japoneses deben ser pesados y las calabazas deben ser gruesas.

Tarta de calabaza y choclo

12 porciones

INGREDIENTES

Pâte brisée *(página 151)*
1 calabaza o zapallo japonés grande
1 cebolla grande
70 gramos de manteca
60 gramos de harina 0000
350 cc aproximadamente de leche
1 lata de choclo cremoso
1 tazón de queso parmesano,
 reggianito *o* sardo rallado
3 huevos
Sal, pimienta y nuez moscada

- Estirar la masa y forrar un molde N° 30. Reservar en la heladera.
- Cocinar la calabaza con cáscara en el horno o en microondas.
- Pelarla, quitarle las semillas y hacer un puré con la pulpa.
- Cortar la cebolla en cuadraditos y rehogarla en la manteca.
- Incorporar la harina y hacer un *roux*.
- Agregar la leche y el choclo y llevar a punto de ebullición, revolviendo con cuchara de madera.
- Incorporar el puré de calabaza y el queso rallado.
- Unir con los huevos.
- Condimentar con sal, pimienta y nuez moscada.
- Colocar la preparación sobre la masa.
- Cocinar en el horno precalentado durante 1 hora aproximadamente.
- Retirar y dejar reposar 10 minutos antes de comer.

SECRETITO
▼ Es importante utilizar choclo cremoso de buena calidad. Si no encuentran una marca de confianza, rallen choclo fresco.

Tarta de centolla

12 porciones

INGREDIENTES

250 gramos de masa phylo (página 154)
Manteca derretida para pincelar
4 puerros
80 gramos de manteca
60 gramos de harina
250 cc de leche
800 gramos de carne de centolla

200 gramos de queso reggianito, sardo o parmesano rallado
200 gramos de crema de leche
4 huevos
Sal y pimienta
200 gramos de queso fresco
200 gramos de patas de centolla

- Pincelar con manteca derretida las hojas de masa *phylo*.
- Superponerlas de a seis y colocarlas dentro de un molde N° 30.
- Cortar los puerros en rodajas y rehogarlos en la manteca.
- Agregar la harina, verter la leche y revolver con cuchara de madera hasta que llegue a punto de ebullición.
- Fuera del fuego añadir la carne de centolla y el queso rallado.
- Unir con la crema de leche y los huevos. Salpimentar.
- Colocar sobre la masa *phylo* el queso fresco en trocitos. Cubrir con la mezcla anterior y acomodar arriba las patas de centolla, en forma de abanico.
- Llevar al horno precalentado, de moderado a fuerte. Cocinar durante 30 minutos aproximadamente, hasta que coagule.
- Servir calentita.
- *Variante:* Esta preparación también se puede presentar en cazuelitas individuales, como si fuera un *chicken pie*. Si se elige esta opción, usar masa con crema (página 149). Hacer el relleno sin los huevos y con sólo 40 gramos de harina, 250 cc de leche y 50 cc de crema. Cubrir cada cazuelita con una tapa de masa y hornear durante 15 minutos.

SECRETITO
▼ Sequen bien la centolla antes de utilizarla.

Tarta de endibias
10 porciones

INGREDIENTES

Cualquiera de las masas básicas
saladas (páginas 147 a 154)
200 gramos de panceta ahumada
4 endibias
200 gramos de queso gruyère rallado
300 cc de crema de leche
4 huevos
Sal, pimienta y nuez moscada

▶ Estirar la masa elegida. Forrar un molde N° 28.
▶ Reservar en la heladera mientras se prepara el relleno.
▶ Dorar las lonjas de panceta en una sartén, con la grasa que suelten.
▶ Separar las hojas de las endibias, descartando el conito que las une por la parte inferior.
▶ Colocar sobre la masa la panceta, las endibias y el queso *gruyère*.
▶ Mezclar la crema de leche con los huevos.
▶ Sazonar con sal, pimienta y nuez moscada.
▶ Poner la mezcla sobre el relleno.
▶ Llevar al horno precalentado, de moderado a fuerte. Cocinar durante 50 minutos.

SECRETITOS
▼ Pueden reemplazar la panceta por jamón crudo, sin dorarlo.
▼ ¿Sabían que las endibias se cultivan en regiones de clima frío y crecen en invierno? Sus hojas duras, de un exquisito sabor bastante amargo, definen la personalidad de esta tarta, que es un verdadero lujo para iniciar un menú.

Tarta de espárragos

8 porciones

INGREDIENTES

Masa con crema (página 149) o
 masa con aceite (página 150)
1 paquete de espárragos
200 gramos de jamón cocido
300 cc de crema de leche
4 huevos
1 manojo de ciboulette picada
1 taza de queso rallado bien sabroso
Sal y pimienta

- Estirar la masa. Forrar un molde N° 26, cuidando que llegue hasta el borde superior.
- Enfriarla en la heladera mientras se prepara el relleno.
- Limpiar los espárragos quitándoles las partes duras. Blanquearlos, escurrirlos muy bien y secarlos con papel absorbente.
- Cortar el jamón cocido en tiritas y colocarlo en el fondo de la tarta.
- Acomodar encima los espárragos, en forma de radios.
- Mezclar la crema de leche con los huevos y la *ciboulette.*
- Agregar el queso rallado y salpimentar.
- Verter esta mezcla sobre los espárragos.
- Llevar al horno precalentado, de moderado a fuerte. Cocinar durante 50 minutos aproximadamente, hasta que la mezcla coagule.

SECRETITO

▼ Si no es época de espárragos frescos, utilicen los congelados, también blanqueados (pero apenas 2 minutos) y bien secos.

Tarta de girgolas, champiñones y puerros

10 porciones

INGREDIENTES

250 gramos de pâte brissée
(página 151) o masa phylo
(página 154)
6 puerros tiernos
80 gramos de manteca
500 gramos de champiñones
500 gramos de girgolas

250 cc de crema de leche
50 gramos de harina
250 gramos de queso parmesano,
 sardo o reggianito rallado
Sal y pimienta
4 huevos

▷ Estirar la *pâte brissée* o superponer las hojas de masa *phylo*, pincelándolas con manteca derretida.
▷ Forrar un molde Nº 28. Reservar mientras se prepara el relleno (si se usó *pâte brissée*, enfriar en la heladera).
▷ Cortar los puerros en rodajitas finas y rehogarlos en una sartén con la manteca.
▷ Agregar los champiñones fileteados y las *girgolas* cortadas con las manos en trozos desparejos.
▷ Cocinar durante 10 minutos. Retirar y dejar enfriar.
▷ Incorporar la crema de leche mezclada con la harina.
▷ Agregar el queso rallado, salpimentar y unir con los huevos.
▷ Verter la preparación sobre la masa.
▷ Llevar al horno precalentado, de moderado a fuerte. Cocinar durante 40 minutos aproximadamente, hasta que coagule.

SECRETITO

▼ No laven los champiñones ni las *girgolas*, para que no absorban agua. Simplemente límpienlos con un papel absorbente.

Tarta de pollo y champiñones

12 porciones

INGREDIENTES

Pâte brissée *(página 151)*
100 gramos de manteca
1 cebolla grande
250 gramos de panceta ahumada
1 pollo de 3 kilos
1 taza de caldo de pollo
2 papas
2 zanahorias

½ lata de tomates al natural procesados
500 gramos de champiñones
250 cc de crema de leche
100 gramos de harina
Sal y pimienta
4 huevos

▶ Estirar la masa, forrar una tartera N° 30 y enfriar en la heladera.
▶ Derretir la manteca en una cacerola. Rehogar la cebolla picada, luego la panceta en daditos y el pollo en trozos chicos, sin huesos. Dorar todo muy bien.
▶ Verter el caldo. Incorporar las papas y las zanahorias en cubitos. Continuar la cocción.
▶ Añadir los tomates y los champiñones. Seguir cocinando.
▶ Mezclar la crema con la harina y 1 cucharón del jugo de cocción. Integrar bien todo y salpimentar.
▶ Echar esta mezcla en la cacerola y llevar a punto ebullición, revolviendo constantemente. Retirar y dejar enfriar.
▶ Unir con los huevos y poner sobre la masa.
▶ Cocinar en horno precalentado, fuerte al principio y moderado después, más o menos 30 minutos, hasta que coagule.
▶ *Variante:* Si se quiere hacer en cazuelitas, reducir la cantidad de harina a 50 gramos y no agregar los huevos. Emplear masa con crema para cubrir. Cocinar durante 20 minutos en horno fuerte.

SECRETITO
▼ Agregar los champiñones cuando las zanahorias y las papas ya estén algo tiernas. Cocinarlos 10 minutos.

Tarta de papas y abadejo

12 porciones

INGREDIENTES

Masa con aceite (página 150)
o masa con aceite de oliva
(página 150)
½ kilo de papas
2 cebollas grandes
¼ de taza de aceite de oliva
1 kilo de cachetes de abadejo
Sal y pimienta
200 cc de crema de leche
3 huevos
100 gramos de queso gruyère rallado

- Estirar la masa. Forrar una tartera N° 30.
- Llevar al horno y cocinar a blanco.
- Pelar las papas y cortarlas con mandolina para obtener láminas.
- Pincelarlas con aceite de oliva y cocinarlas sobre *sil-pat* en el horno.
- Cortar las cebollas en aros y rehogarlas en el aceite. Incorporar el abadejo y cocinar durante 15 minutos. Salpimentar.
- Sobre la masa precocida colocar una capa de papas, otra de pescado con cebolla, otra de papas, y así hasta terminar.
- Mezclar la crema con los huevos y verter despacio sobre la tarta.
- Cubrir con el queso *gruyère* rallado.
- Llevar al horno precalentado, de moderado a fuerte. Cocinar durante 30 minutos, hasta que coagule.
- Retirar, dejar reposar 10 minutos y servir.

SECRETITOS

▼ También pueden utilizar el abadejo en filetes y blanquear las papas en lugar de hornearlas.
▼ Si prefieren un sabor más suave, reemplacen el aceite de oliva por aceite de maíz.

Tarta de pescado y queso

10 porciones

INGREDIENTES

Masa con crema (página 149)
400 gramos de queso fresco
500 gramos de pescado
4 huevos
1 taza de crema de leche
Sal, pimienta y nuez moscada
1 ramita de tomillo
2 cucharadas de perejil

- Estirar la masa y forrar un molde N° 28.
- Cortar el queso en cuadrados de 2 y 1/2 cm.
- Blanquear el pescado y cortarlo igual que el queso.
- Batir los huevos ligeramente. Agregar la crema de leche.
- Condimentar con sal, pimienta y nuez moscada.
- Colocar sobre la masa el pescado, después el queso y por último los huevos con la crema.
- Espolvorear con el tomillo y el perejil picados gruesos.
- Cocinar en horno precalentado, moderado, durante 40 minutos.

SECRETITOS

▼ Por razones de practicidad les conviene comprar el pescado en filetes.
▼ En vez de blanquearlo pueden saltearlo en aceite de oliva para darle un sabor más intenso.
▼ Elijan la variedad de pescado que prefieran. Si usan salmón rosado, colóquenlo en la parte superior.

Tarta de puerros y jamón crudo

12 porciones

INGREDIENTES

Pâte brissée *(página 151)* o masa phylo *(página 154)*
Manteca derretida para pincelar
2 kilos de puerros
100 gramos de manteca
300 gramos de jamón crudo
200 cc de crema de leche
250 gramos de queso sardo, parmesano, reggianito *o gruyère rallado*
4 huevos
Sal y pimienta

❥ Estirar la *pâte brissée* o superponer las hojas de masa *phylo* pincelándolas con manteca derretida.
❥ Forrar un molde N° 30 y reservar (en la heladera si es *pâte brissée*) mientras se prepara el relleno.
❥ Cortar en rodajas las partes tiernas de los puerros. Rehogarlos en una sartén con la manteca hasta que estén tiernos.
❥ Fuera del fuego agregar el jamón cortado en tiritas.
❥ Mezclar con la crema de leche, el queso rallado y los huevos. Salpimentar.
❥ Verter la preparación sobre la masa.
❥ Cocinar en horno precalentado, fuerte al principio y moderado después, hasta que coagule.
❥ Retirar y dejar enfriar antes de servir.

SECRETITO
▼ Pueden reemplazar el jamón crudo por panceta ahumada dorada en una sartén.

Tarta de puerros, papas y queso

8 porciones

INGREDIENTES

MASA
1 y 1/4 taza de harina 0000
1/2 cucharadita de sal
1/2 taza de manteca en trocitos
2 cucharadas de agua fría
RELLENO
250 gramos de papas
2 tazas de puerros en rodajitas

2 cucharadas de manteca
1/2 taza de crema de leche
1/2 taza de leche
3 huevos
1 taza de queso cheddar rallado
3/4 de cucharadita de sal
1/4 de cucharadita de pimienta

- Hacer la masa procesando la harina y la sal con la manteca para obtener una mezcla grumosa.
- Incorporar el agua y seguir procesando hasta que se forme un bollo.
- Dejarlo descansar un rato.
- Estirar la masa y forrar una tartera N° 26.
- Precocinar en el horno durante 20 minutos aproximadamente.
- Hervir las papas con cáscara. Pelarlas, cortarlas en rodajas y acomodarlas sobre la masa.
- Rehogar los puerros en la manteca y ubicarlos sobre las papas.
- Mezclar la crema con la leche y los huevos.
- Incorporar el queso, salpimentar y verter sobre los puerros.
- Hornear durante 35 minutos.
- Servir tibia.

SECRETITO
▼ Es importante hervir las papas con cáscara y cuidar que queden bien sequitas.

Tarta de tomatines, mozzarella y albahaca

10 porciones

INGREDIENTES

Pâte brissée *(página 151)* o masa
  phylo *(página 154)*
500 gramos de mozzarella
300 gramos de tomatines
1 ramito de albahaca fresca
4 huevos
1/2 taza de crema de leche
Sal y pimienta

❥ Estirar la *pâte brissée* y forrar un molde para tarta N° 28, o ir colocando las hojas de masa *phylo* y pincelando cada una con manteca derretida.
❥ Cortar la *mozzarella* en daditos para preparar el relleno.
❥ Mezclarla en un bol con los tomatines.
❥ Perfumar con las hojas de albahaca cortadas en tiritas.
❥ Unir con los huevos y la crema de leche. Salpimentar.
❥ Colocar la preparación sobre la masa.
❥ Llevar al horno precalentado, de moderado a fuerte. Cocinar durante 50 minutos, hasta que coagule.

SECRETITOS

▼ Elijan una rica *mozzarella* para que la tarta quede bien sabrosa.
▼ Esta creación trae a nuestra mesa todo el encanto de los aromas y colores mediterráneos, con la novedad de que el clásico tomate se reemplaza por simpáticos tomatines. Pueden ponerle arriba hojas de albahaca enteras.
▼ Funciona muy bien como plato casi único, con una ensalada en verano o con una sopa en invierno.

Tarta pizza vegetariana

12 porciones

INGREDIENTES

MASA
2 tazas de harina 0000
7 gramos de levadura seca
1 cucharadita de azúcar
¾ de taza de agua tibia
RELLENO
200 gramos de champiñones
3 zucchini
2 cucharadas de aceite

1 cebolla cortadita
½ cucharadita de orégano
400 gramos de corazones de alcauciles al natural
½ lata de tomates al natural
Sal a gusto
2 tazas de mozzarella rallada
2 tomates redondos frescos
12 aceitunas negras

◗ Combinar la harina con la levadura y el azúcar. Unir con el agua tibia para formar la masa.
◗ Estirarla y colocarla en un molde N° 30.
◗ Precocinarla en el horno como si fuera una prepizza.
◗ Para preparar el relleno cortar los champiñones en tajaditas y rallar los *zucchini*.
◗ Saltearlos en una sartén de teflón con un poquito de aceite.
◗ Retirarlos, escurrirlos y dejarlos enfriar.
◗ Rehogar la cebolla en el aceite restante. Perfumar con el orégano y reservar.
◗ Cortar los corazones de alcauciles y secarlos con papel absorbente.
◗ Procesar los tomates al natural, salarlos y cubrir con ellos la masa.
◗ Esparcir arriba la cebolla, los corazones de alcauciles y la mitad de la *mozzarella*.
◗ Colocar los champiñones y los *zucchini*, los tomates frescos cortados en rodajas, las aceitunas y la *mozzarella* restante.
◗ Gratinar en el horno bien caliente hasta que se derrita la *mozzarella*.

SECRETITO
▼ Queda riquísima la combinación de esta masa de pizza con los vegetales. Si quieren, pueden salar las verduras o también cambiarlas por otras.

Tarta de zucchini y zapallitos

12 porciones

INGREDIENTES

2 cebollas chicas
100 gramos de manteca
1 kilo de zapallitos redondos
1 kilo de zucchini
300 cc de crema de leche
1 tazón de queso parmesano,
  reggianito o sardo rallado
5 huevos
Pâte brissée *(página 151)*

- Cortar las cebollas en cuadraditos.
- Dorarlas en una cacerola o sartén con la manteca.
- Incorporar los zapallitos y los *zucchini* cortados en rodajas. Cocinar hasta que se ablanden y se doren un poco.
- Escurrir esta preparación y dejarla enfriar.
- Mezclarla con la crema de leche, el queso rallado y los huevos.
- Estirar la masa y forrar un molde Nº 30.
- Colocar el relleno sobre la masa.
- Cocinar en horno precalentado, fuerte al principio y luego moderado, hasta que coagule el relleno.
- Retirar del horno, dejar enfriar y servir.

SECRETITO
▼ Cepillen bien las cáscaras de los zapallitos y los *zucchini*. Si tienen partes feas, quítenselas para que no den mal gusto.

Tarta de repollitos y panceta

8 a 10 porciones

INGREDIENTES

Pâte brissée *(página 151)*
1 kilo de repollitos de Bruselas
200 gramos de panceta ahumada
300 cc de crema de leche
4 huevos
Sal, pimienta y nuez moscada
1 taza de queso *gruyère* rallado

- Estirar la masa y forrar una tartera N° 28, enmantecada y enharinada.
- Reservar en la heladera.
- Blanquear los repollitos y escurrirlos muy bien. Dejarlos enfriar.
- Cortar la panceta en cubitos y saltearlos en una sartén con su propia grasa.
- Unir la crema de leche con los huevos.
- Condimentarla con sal, pimienta y nuez moscada.
- Colocar sobre la masa los repollitos, la panceta y la mezcla de crema.
- Espolvorear con el queso *gruyère*.
- Llevar al horno precalentado, moderado. Cocinar durante 45 minutos aproximadamente, hasta que la mezcla quede firme.

SECRETITOS

▼ En vez de panceta pueden usar jamón cocido, sin necesidad de saltearlo.
▼ Y en vez de repollitos, nabos cortados en rodajas, o coliflor en ramitos.
▼ Con cualquiera de las opciones van a obtener una tarta muy sustanciosa y rendidora.

Tarta soufflé de coliflor
12 porciones

INGREDIENTES

Cualquiera de las masas básicas
   saladas (páginas 147 a 154)
1 coliflor
400 gramos de queso blanco
200 gramos de crema de leche espesa
4 yemas
60 gramos de harina
1 taza de queso rallado
Sal, pimienta
1 cucharada de perejil picado
4 claras

▶ Estirar la masa y forrar una tartera desmontable N° 30, enmantecada y enharinada.
▶ Separar la coliflor en ramitos. Cocinarla en agua con sal. Escurrirla y dejarla enfriar.
▶ En un bol mezclar el queso blanco con la crema de leche, las yemas y la harina.
▶ Incorporar la coliflor y el queso rallado.
▶ Condimentar con sal, pimienta y perejil picado.
▶ Batir las claras a nieve y añadirlas con movimientos envolventes.
▶ Poner la preparación dentro de la tartera.
▶ Llevar al horno precalentado, moderado. Cocinar de 1 y 1/2 a 1 y 3/4 hora más o menos.
▶ Se puede comer fría o caliente.

SECRETITO
▼ Si cocinan la coliflor al vapor o en microondas, mucho mejor.

Terrines

Terrine arrollada de vegetales y mozzarella

30 porciones

INGREDIENTES

1 y 1/4 kilo de berenjenas
840 gramos de papas
1 y 1/4 kilo de puerros
Aceite de oliva para pincelar
4 pimientos rojos grandes

2 paquetes de queso Philadelphia
210 gramos de mozzarella
24 hojas de albahaca
Harina para espolvorear
Sal y pimienta

▶ Cortar las berenjenas y las papas a lo largo con la mandolina. Descartar las partes duras de los puerros y separar las hojas.
▶ Pincelar los tres vegetales con aceite de oliva, apoyarlos sobre *sil-pat* o papel teflonado y hornearlos hasta que se ablanden, controlando que no se quemen ni se sequen. Dejarlos enfriar.
▶ Pelar los pimientos (para hacerlo con facilidad, meterlos en el horno caliente o pasarlos por la llama hasta que se arrugue la piel). Quitarles las semillas y cortarlos en tiras a lo largo.
▶ Sobre dos rectángulos de *foil* colocar las hojas de puerros transversalmente, luego las láminas de papas en sentido contrario y por último las de berenjenas transversalmente.
▶ Procesar el queso Philadelphia junto con la *mozzarella*.
▶ Untar con esta mezcla las berenjenas, con cuidado y dejando un borde libre.
▶ Colocar arriba los pimientos y la albahaca. Enrollar con ayuda del *foil*.
▶ Ubicar cada rollo dentro de un molde para *terrine*. Enfriar muy bien en la heladera.
▶ Para saborear, quitar el *foil* y cortar cada *terrine* en rodajas de 2 cm de ancho. Pasarlas por harina, salpimentarlas y apoyarlas sobre una placa aceitada. Gratinarlas unos minutos en el horno moderado.

SECRETITOS

▼ ¡Lista para comer y deliciosa! Se puede freezar sin inconvenientes.
▼ No abusen de la sal y la pimienta, porque el queso Philadelphia es saladito de por sí.

Terrine de brócoli y panceta

8 porciones

INGREDIENTES

1 atado de brócoli
250 gramos de panceta ahumada
50 gramos de manteca
50 gramos de harina
250 cc de leche
250 gramos de queso gruyère rallado
3 huevos
Sal, pimienta y nuez moscada

- Limpiar el brócoli, separarlo en ramitos chicos y blanquearlo. Escurrirlo muy bien y reservarlo.
- Cortar la panceta en cuadraditos y dorarla en una sartén limpia, con la grasa que suelte.
- Derretir la manteca en una cacerolita. Agregar la harina y formar un *roux*. Verter la leche despacio, revolver y cocinar hasta que espese, para obtener una salsa blanca. Retirarla del fuego y dejarla entibiar.
- Mezclarla con el brócoli, la panceta y el queso *gruyère* rallado.
- Unir con los huevos.
- Sazonar con sal, pimienta y nuez moscada.
- Colocar la preparación en un molde alargado grande, enmantecado.
- Cubrir con film.
- Cocinar en el horno precalentado de 30 a 40 minutos, hasta que coagule.

SECRETITO

▼ A baño de María se cocina en forma más pareja y se dora menos; pero también tarda más.

Terrine de champiñones y ciboulette

8 porciones

INGREDIENTES

1 cebolla grande
100 gramos de manteca
300 gramos de champiñones
½ taza de ciboulette picada
50 gramos de harina

250 cc de leche
200 gramos de queso rallado
   bien sabroso
3 huevos
Sal, pimienta y nuez moscada

- Picar la cebolla y rehogarla en 50 gramos de manteca, hasta que quede transparente.
- Incorporar los champiñones cortados en tajaditas no muy finas y la ciboulette.
- Cocinar apenas, sin dejar que se ablanden demasiado. Retirar y escurrir.
- Aparte hacer una salsa blanca con la manteca restante, la harina y la leche.
- Mezclarla con la preparación de champiñones.
- Agregar el queso rallado.
- Unir con los huevos.
- Condimentar con sal, pimienta y nuez moscada.
- Colocar en un molde alargado.
- Llevar al horno precalentado, de moderado a fuerte. Cocinar a baño de María durante 50 minutos, hasta que coagule.

SECRETITO
▼ No conviene utilizar hongos secos porque la preparación quedaría muy negra, a menos que sean *boletus edulus*.

Terrine de puerros a la crema

8 porciones

INGREDIENTES

750 gramos de puerros
1 pechuga de pollo cocida
Sal y pimienta
4 huevos
2 yemas
350 cc de leche
1 cucharada de harina
200 cc de crema de leche

- Cortar la parte blanca de los puerros en fina juliana. Cocinarlos al vapor.
- Procesar la pechuga de pollo.
- Mezclarla con los puerros. Salpimentar y reservar.
- Unir los huevos con las yemas.
- Agregar la leche y la harina disuelta en la crema.
- Condimentar con sal y pimienta.
- Forrar un molde para *terrine* con papel manteca levemente aceitado.
- Colocar una parte de la preparación de puerros, luego la mezcla de huevos y crema y encima otra capa de puerros.
- Llevar al horno, a temperatura moderada. Cocinar a baño María de 45 a 50 minutos.

SECRETITOS
▼ La pueden servir con una salsa de puerros liviana, aligerada con crema de leche.
▼ También pueden reemplazar los puerros por puré de calabaza bien sequito.

Terrine de verano

8 porciones

INGREDIENTES

6 huevos
500 cc de crema de leche
½ cucharadita de sal
¼ de cucharadita de pimienta
1 pizca de albahaca seca
1 pizca de tomillo seco
3 cucharadas de aceite
½ taza de cebolla picada
½ taza de champiñones fileteados
½ taza de concassé de tomate
½ taza de jamón cortado chiquito
1 taza de queso gruyère rallado

- Forrar un molde para *terrine* con film enmantecado.
- En un bol mezclar los huevos con la crema de leche.
- Sazonar con la sal, la pimienta, la albahaca y el tomillo.
- Calentar el aceite en una sartén. Rehogar la cebolla.
- Incorporar los champiñones y cocinar apenas, sin dejar que se ablanden.
- Fuera del fuego agregar el *concassé* de tomate, el jamón y el queso.
- Unir con la mezcla de crema y huevos.
- Verter en el molde.
- Hornear durante 40 minutos, hasta que tome un lindo color dorado.

SECRETITO
▼ Se puede cambiar el jamón por panceta o incorporar alguna verdurita blanqueada, como brócoli o espárragos.

Terrine tricolor de vegetales

12 porciones

INGREDIENTES

500 gramos de puerros, espinaca,
  arvejas o brócoli
500 gramos de zanahorias o zapallo
500 gramos de remolachas
6 huevos
600 cc de crema de leche
6 cucharadas de queso rallado
Sal, pimienta y nuez moscada

▶ Limpiar cada una de las verduras elegidas.
▶ Blanquearlas por separado y escurrirlas bien.
▶ Procesarlas, también por separado.
▶ Incorporar a cada una 2 huevos, 200 cc de crema de leche y 2 cucharadas de queso rallado.
▶ Condimentar las tres mezclas con sal, pimienta y nuez moscada.
▶ Enmantecar un molde para *terrine* y ponerle papel manteca en el fondo.
▶ Colocar las preparaciones formando tres capas prolijas.
▶ Llevar al horno, a temperatura moderada, durante 30 minutos o un poco más.
▶ Dejar enfriar y desmoldar.

SECRETITOS
▼ Queda bien intercalar las verduras con sus diferentes colores y hacer reemplazos para no caer en el aburrimiento.
▼ Esta *terrine*, muy nutritiva, es genial para que los chicos (y algunos grandes remolones) descubran el placer de comer verduras.

Terrine tricolor de pescado

8 porciones

INGREDIENTES

300 gramos de filetes de brótola
300 gramos de filetes de abadejo
300 gramos de filetes de salmón
 rosado
6 claras
75 cc de crema de leche
Sal y pimienta
1 gramo de azafrán
50 gramos de perejil picado

▶ Procesar los filetes de brótola. Pasarlos a un bol colocado dentro de otro con hielo.
▶ Incorporar de a poco 2 claras y 1/3 de la crema de leche.
▶ Condimentar con sal, pimienta y el azafrán.
▶ Proceder de la misma manera con los filetes de abadejo, reemplazando el azafrán por el perejil.
▶ Por último realizar la misma operación con los filetes de salmón, sin azafrán ni perejil.
▶ Forrar con film un molde Savarin N° 28. Colocar la mezcla de abadejo, después la de salmón y por último la de brótola, alisando cada vez para que queden los tres pisos bien prolijos.
▶ Llevar al horno, a temperatura moderada. Cocinar a baño de María durante 1 y 1/4 hora.
▶ Desmoldar, quitar el film y servir.
▶ Si se desea, acompañar con una salsa de vino blanco, crema y un chorrito de jugo de limón.

SECRETITOS
▼ Respeten el orden de las mezclas para que se aprecie el contraste de los colores.
▼ También se puede acompañar con una mayonesa con alcaparras y una ensalada verde.

Terrine de salmón
8 porciones

INGREDIENTES

500 gramos de salmón
4 yemas
4 claras
Sal, pimienta y nuez moscada
350 cc de crema de leche
SALSA FRÍA
1 cucharada de aceite de oliva
Jugo de 1 limón

180 cc de crema de leche
1 cucharada de ciboulette picada
2 cucharadas de concassé de tomates
SALSA CALIENTE
300 cc de fondo de pescado
1 tapita de vermut seco
300 cc de crema de leche

- Procesar el salmón.
- Agregarle las yemas ligadas y las claras apenas batidas.
- Condimentar con sal, pimienta y nuez moscada.
- Añadir la crema de leche y revolver con cuchara de madera.
- Enmantecar un molde para terrine y poner una tira de papel manteca en el fondo.
- Colocar el preparado de salmón por cucharadas, cuidando que no queden globitos.
- Llevar al horno, a baño de María, de 15 a 20 minutos.
- Servir caliente o fría, con la salsa adecuada.
- *Salsa fría*: Poner el aceite en un plato hondo, agregar el jugo de limón y emulsionar trabajando con un tenedor. Incorporar la crema de leche, la *ciboulette* picada y el *concassé* de tomates. Salpimentar.
- *Salsa caliente*: Colocar el fondo de pescado en una cacerolita sobre el fuego y dejar reducir a la mitad. Agregar el vermut y por último la crema de leche. Mantener sobre la llama hasta que se reduzca de nuevo. Salpimentar.

SECRETITO
▼ Súper refinada, para lucirse en una comida elegante. También queda rica con el agregado de cebolla o puerro rehogados en manteca.

Postres

Crema inglesa

INGREDIENTES

1 litro de leche
1 chaucha de vainilla
10 yemas
200 gramos de azúcar

- Hervir la leche junto con la chaucha de vainilla. Descartar la vainilla.
- Batir ligeramente las yemas con el azúcar.
- Verter de a poco sobre el batido la leche caliente, revolviendo sin cesar.
- Llevar al fuego y revolver con cuchara de madera, con movimientos en forma de ocho, hasta que espese.
- Cuando la preparación nape la cuchara, pasarla a un bol ubicado dentro de un recipiente con agua fría. Revolver con frecuencia hasta que se enfríe.

Súper clásica y muy delicada, es un acompañamiento perfecto para muchísimos postres.

Crema pastelera o patisserie

INGREDIENTES

500 cc de leche
1 chaucha de vainilla
4 yemas
100 gramos de azúcar
30 gramos de harina 0000

- Hervir la leche con la vainilla.
- Combinar las yemas y el azúcar en un bol. Incorporar la harina y la leche hervida.
- Llevar sobre fuego mínimo. Revolver continuamente hasta que espese y comience a hervir. Pasar por colador chino y dejar enfriar.

SECRETITOS
▼ Abran la chaucha de vainilla a lo largo antes de incorporarla; así soltará todo su aroma.
▼ Para evitar que al enfriarse la crema se forme una película seca en la superficie, pincélenla con manteca derretida o espolvoréenla con azúcar impalpable.

Crême caramel de limón

6 porciones

INGREDIENTES

2 limones grandes
1 y 1/3 taza de azúcar
2 tazas de crema de leche
2 huevos grandes
2 yemas
Esencia de vainilla
Azúcar extra para el caramelo

- Pelar 1 limón y procesar la cáscara con 1/3 de taza de azúcar.
- Exprimir los limones. Combinar el jugo con la mezcla procesada y el azúcar restante.
- Incorporar la crema y poner a hervir. Retirar y dejar entibiar.
- En un bol mezclar los huevos y las yemas.
- Perfumar con la esencia.
- Unir con la preparación de crema.
- Acaramelar moldes individuales o un molde grande.
- Verter la preparación.
- Hornear a baño de María durante 40 minutos.

SECRETITOS

▼ Como los franceses son reyes en el mundo de la alta repostería, es costumbre usar su idioma para nombrar un sinfín de recetas, entre ellas esta especie de flan que lleva crema en lugar de leche.

▼ Es delicioso. También lo pueden cocinar sobre una base de masa crocante para tarta y gratinar.

Flan de ciruelas

6 porciones

INGREDIENTES

500 gramos de ciruelas maduras,
  tipo Santa Rosa
3 huevos
150 gramos de azúcar
75 gramos de manteca derretida
  y fría
250 cc de leche
75 gramos de harina
Esencia de vainilla
Azúcar impalpable para espolvorear

- Partir y descarozar las ciruelas.
- Colocarlas en un molde de vidrio térmico N° 22, enmantecado.
- Batir los huevos a blanco con el azúcar.
- Agregar la manteca junto con la leche.
- Incorporar la harina tamizada, sin dejar de batir.
- Por último aromatizar con esencia de vainilla.
- Verter la preparación sobre las ciruelas.
- Llevar al horno y cocinar durante 40 minutos a baño de María.
- Retirar y espolvorear con azúcar impalpable.

SECRETITOS
▼ Les propongo que lo coman calentito, acompañado con crema.
▼ Para variar lo pueden hacer con cerezas o frambuesas, siempre frescas. Es una manera distinta de saborear las frutas de estación.

Charlotte de ciruelas y manzanas

10 porciones

INGREDIENTES

MASA
350 gramos de harina leudante
225 gramos de manteca
125 gramos de azúcar
2 yemas
1 pizca de sal

RELLENO
1 kilo de manzanas
300 gramos de ciruelas frescas
1 naranja
225 gramos de azúcar
2 cucharadas de marsala
Ralladura de 1 limón
3 clavos de olor
1 chaucha de vainilla

❱ Preparar la masa uniendo la harina con la manteca, el azúcar, las yemas y la sal. Dejarla descansar.
❱ Para hacer el relleno pelar las manzanas, descarozar las ciruelas y cortar todo en cuartos. Pelar la naranja y separar los gajos.
❱ Poner la fruta en una cacerola junto con el azúcar y el marsala. Aromatizar con la ralladura de limón, los clavos de olor y la vainilla. Cocinar durante 20 minutos. Retirar del fuego y dejar enfriar.
❱ Dividir la masa en dos y estirarla.
❱ Con una parte forrar un molde desmontable N° 28. Colocar el relleno frío y escurrido. Cubrir con el resto de la masa.
❱ Llevar al horno precalentado, de moderado a fuerte. Cocinar durante 45 minutos aproximadamente.

SECRETITO
▼ Coloquen el molde en el estante inferior del horno, para que se cocine bien la masa del fondo.

Gâteau de manzanas flameado

12 porciones

INGREDIENTES

2 kilos de manzanas verdes
1 cucharada de canela
2 tazas de azúcar para el caramelo
170 gramos de manteca derretida
  y fría
4 huevos
220 gramos de azúcar
100 cc de calvados

- Pelar las manzanas y cortarlas en cubitos.
- Esparcirlas sobre una placa y espolvorearlas con la canela.
- Cocinarlas en el horno durante 30 minutos.
- Con las 2 tazas de azúcar y agua que apenas la cubra acaramelar un molde tipo flanera grande o moldes individuales. Dejar enfriar.
- Mezclar la manteca con los huevos y los 220 gramos de azúcar.
- Agregar las manzanas y colocar en el molde.
- Cocinar a baño de María en el horno, a temperatura moderada, durante 40 minutos.
- Dejar enfriar y llevar a la heladera hasta el día siguiente.
- En el momento de servir, flamear con el calvados caliente.

SECRETITO

▼ Es un postre ideal para comer después de un asado, acompañado con una crema inglesa bien fría (página 239).
▼ El calvados es un aguardiente de manzanas que se produce en la región francesa de Normandía.

Postres · 243

Dacquoise de frutas secas

10 porciones

INGREDIENTES

8 claras
400 gramos de azúcar impalpable
1 cucharadita de polvo para hornear
250 gramos de vainillas
200 gramos de nueces tostadas
200 gramos de dátiles
Praliné hecho con 2 tazas de azúcar
  y 2 tazas de almendras
1 kilo de helado de vainilla

❱ Batir las claras. Agregar el azúcar impalpable y el polvo para hornear, mientras se sigue batiendo hasta obtener un merengue bien duro.
❱ Incorporar las vainillas cortadas en cubitos de 1 cm, las nueces y los dátiles, ambos fileteados.
❱ Con ayuda de una espátula extender el merengue sobre papel de aluminio enmantecado, formando un disco.
❱ Llevar al horno a temperatura mínima. Cocinar hasta que tome color doradito, durante 1 hora aproximadamente. Dejar enfriar.
❱ Mezclar el helado de vainilla con el praliné picado.
❱ A último momento colocar el helado en bochas sobre el disco de merengue.

SECRETITOS
▼ La combinación del merengue con las frutas secas y el helado da por resultado un armonioso contrapunto de texturas.
▼ Busquen en la página 55 el procedimiento para hacer el praliné.

Millefeuilles Suzette

6 porciones

INGREDIENTES

MOUSSE
3 yemas
50 gramos de azúcar impalpable
200 gramos de chocolate derretido
1 pizca de café instantáneo
3 claras
TAPITAS
3 claras
100 gramos de azúcar
10 gramos de cacao

40 gramos de harina
100 gramos de almendras fileteadas
  y tostadas
1 pizca de canela
SALSA
Jugo y ralladura de 3 naranjas
40 gramos de miel
PARA COMPLETAR
400 gramos de frambuesas frescas

▶ Batir las yemas con el azúcar impalpable para hacer la *mousse*.
▶ Mezclarlas con el chocolate derretido y el café. Agregar las claras batidas a nieve.
▶ Colocar en el freezer durante 3 horas.
▶ Para las tapitas batir las claras a nieve con el azúcar.
▶ Unir suavemente con el cacao, la harina, las almendras y la canela.
▶ Distribuir la preparación por cucharadas sobre una placa enmantecada y enharinada, formando tapitas circulares de aproximadamente 10 cm de diámetro.
▶ Llevar al horno precalentado, moderado. Cocinar durante 15 minutos aproximadamente, hasta que se sequen y se puedan levantar con una espátula.
▶ Preparar la salsa combinando el jugo y la ralladura de naranja con la miel. Llevar al fuego y dejar reducir.
▶ Armar torrecitas en los platos, superponiendo tres tapitas e intercalando la *mousse* de chocolate y las frambuesas. Acompañar con la salsa.

SECRETITO
▼ Resulta muy práctico cocinar las tapitas sobre *sil-pat*.

Timbal de cerezas

12 porciones

INGREDIENTES

PIONONO DE CANELA
8 huevos
200 gramos de azúcar
1 cucharadita de canela
140 gramos de harina 0000
60 gramos de manteca derretida
y tibia

CRÊME BRULÉE
4 yemas
4 huevos
200 gramos de azúcar
1 chaucha de vainilla
640 cc + 300 cc de crema de leche
PARA COMPLETAR EL RELLENO
1 kilo de cerezas frescas

▶ Comenzar a preparar el pionono batiendo los huevos con el azúcar a punto letra.
▶ Perfumar con la canela.
▶ Incorporar la harina tamizada, mezclando con movimientos envolventes con un batidor de alambre.
▶ Agregar la manteca de golpe y terminar de mezclar muy despacio.
▶ Extender la preparación en dos placas grandes forradas con papel de aluminio enmantecado y enharinado. Debe quedar de 2 cm de espesor aproximadamente.
▶ Ubicar las placas en el estante superior del horno fuerte. Cocinar hasta dorar.
▶ Dejar enfriar. Cortar 3 discos de 30 cm de diámetro.
▶ Para hacer la *crême brulée* batir las yemas con los huevos, el azúcar y la pulpa de la vainilla hasta que tomen color pálido.
▶ Incorporar los 640 cc de crema de leche y dejar reposar durante 1 hora.
▶ Retirar la espuma de la superficie y añadir la crema restante.
▶ Cortar las cerezas por el medio y descarozarlas.
▶ Forrar con papel de aluminio un molde desmontable N° 30.
▶ Colocar en el fondo un disco de pionono. Acomodar encima la mitad de las cerezas, cuidando que en el contorno queden paraditas, bien juntas y con la parte interna hacia afuera. Cubrirlas con una capa de *crême brulée*.
▶ Tapar con otro disco de pionono. Volver a colocar cerezas y crema. Terminar con el último disco de pionono.
▶ Llevar al horno moderado. Cocinar durante 1 hora aproximadamente, hasta que la crema coagule.

- Dejar enfriar. Llevar a la heladera hasta que esté bien firme.
- Desmoldar y espolvorear con azúcar impalpable. Se puede cubrir con cerezas.

SECRETITOS
▼ Para obtener la pulpa de la vainilla, abrir la chaucha a lo largo y raspar el interior con la punta de un cuchillo.
▼ Si les da mucho trabajo parar las cerezas, péguenlas con almíbar al costado del molde.

Soufflé de manzanas
8 porciones

INGREDIENTES

6 manzanas chicas o 4 grandes
50 gramos de manteca
100 gramos de harina
½ litro de leche

250 gramos de azúcar
6 yemas
Esencia de vainilla
6 claras

- Pelar las manzanas y cortarlas en tajadas finitas.
- Derretir la manteca en una cacerola. Agregar la harina y verter poco a poco la leche caliente. Revolver, añadir el azúcar y seguir revolviendo hasta que espese.
- Retirar del fuego. Agregar las yemas, la esencia de vainilla y las manzanas.
- Por último incorporar las claras batidas a nieve.
- Colocar en una fuente térmica profunda, enmantecada.
- Cocinar en horno, a temperatura moderada, más o menos 1 hora.

SECRETITO
▼ ¡Urgente! Sírvanlo ya, antes de que se baje.

Streusel de ciruelas con almendras y avellanas

10 porciones

INGREDIENTES

MASA
180 gramos de harina
180 gramos de almendras
  procesadas a polvo
200 gramos de manteca
1 cucharadita de polvo para hornear
180 gramos de azúcar rubia
1 cucharadita de canela
RELLENO
15 ciruelas tipo Santa Rosa
100 gramos de azúcar común
  o rubia

STREUSEL
100 gramos de azúcar rubia
100 gramos de manteca
100 gramos de harina
100 gramos de avellanas tostadas
  y molidas
CREMA HELADA DE CANELA
500 cc de leche
1 ramita de canela
5 yemas
100 gramos de azúcar
300 cc de crema de leche batida

◗ Preparar la masa con los ingredientes indicados. Dejarla descansar 1 hora en la heladera.
◗ Estirarla y forrar una tartera N° 28.
◗ Para el relleno descarozar las ciruelas. Dejarlas en mitades o cortarlas en trocitos. Mezclarlas con el azúcar y volcarlas sobre la masa.
◗ Hacer el *streusel* formando un granulado con todos los ingredientes.
◗ Esparcirlo por encima de las ciruelas.
◗ Llevar al horno precalentado, de moderado a fuerte. Cocinar durante 45 minutos.
◗ Para la crema helada hacer una crema inglesa con la leche, la canela, las yemas y el azúcar. Dejarla enfriar e incorporarle la crema de leche batida. Colocar en el freezer hasta que tome punto de helado.
◗ Retirar el postre del horno y comerlo calentito, acompañado con la crema helada de canela.

SECRETITO
▼ Hagan la crema inglesa como explico en la página 239, con la canela en lugar de la vainilla.

Streusel de manzanas, pasas y ciruelas

12 porciones

INGREDIENTES

16 ciruelas secas, tipo Presidente
½ litro de vino tinto
2 espirales de cáscara de limón
1,600 kilo de manzanas verdes
160 gramos de azúcar impalpable
160 gramos de pasas de uva
2 pizcas de canela
Jugo de 1 limón

STREUSEL
100 gramos de manteca
100 gramos de azúcar impalpable
100 gramos de harina
100 gramos de almendras
  procesadas a polvo

▶ Hidratar las ciruelas en agua durante 1 hora.
▶ Escurrirlas y cocinarlas en el vino, con la cáscara de limón, hasta que estén tiernas.
▶ Pelar y trozar las manzanas.
▶ Ponerlas en una cacerola junto con el azúcar impalpable, las pasas de uva, la canela y el jugo de limón.
▶ Tapar y cocinar durante 10 minutos.
▶ Para el *streusel*, mezclar todos los ingredientes hasta obtener una textura granulada.
▶ Mezclar las manzanas con las ciruelas escurridas.
▶ Colocarlas dentro de un molde N° 30 y cubrirlas con el *streusel*.
▶ Hornear de 15 a 20 minutos.

SECRETITO

▼ Es un postre delicioso, no pueden dejar de hacerlo. Pruébenlo con crema inglesa (página 239) o helado de crema.

Pudding con chocolate

10 porciones

INGREDIENTES

½ cucharadita de bicarbonato de sodio
125 cc de leche
125 gramos de manteca
155 gramos de azúcar rubia
2 huevos ligeramente batidos

155 gramos de harina 0000
1 cucharadita de polvo para hornear
40 gramos de cacao
125 gramos de chocolate en trocitos
1 manzana rallada

▶ Disolver el bicarbonato en la leche.
▶ Batir la manteca con el azúcar rubia.
▶ Incorporar los huevos de a uno.
▶ Agregar la harina junto con el polvo para hornear, el cacao y los trocitos de chocolate, alternando con la leche.
▶ Unir con la manzana rallada.
▶ Distribuir en moldecitos individuales enmantecados y espolvoreados con azúcar.
▶ Hornear a baño de María durante 40 minutos.
▶ Retirar y desmoldar.

SECRETITOS

▼ La manzana no sólo le da sabor a la masa; además le concede una textura húmeda muy atractiva. Rállenla con el lado grueso del rallador de verduras.
▼ Presenten cada *pudding* bañado con crema inglesa (página 239).

ÍNDICE

Alfajores, brownies y masitas
Alfajorcitos manía	14
Alfajores de miel	15
Arbolitos de Navidad	16
Brownies	18
Brownies a los dos chocolates	19
Brownies de Grandma	20
Colaciones	13
Cuadrados de coco y frambuesas	21
Diamonds de nueces	22
Florentinos de manzana	26
Lemon wafers	24
Little lemon cakes	25
Masitas de canela y miel	28
Masitas Maggie de dulce de batata	27
Masitas de limón	23
Trencitas de especias	17

Cookies y galletitas
Cookies con chips de chocolate	32
Cookies con chocolate y pasas	33
Cookies de harina integral	34
Galletitas de avena	36
Galletitas de chocolate	37
Galletitas de fécula de maíz	38
Galletitas de granola	35
Galletitas de helado	44
Galletitas de manteca	39
Galletitas de miel	40
Galletitas de Navidad	42
Galletitas de Navidad de *patisserie*	43
Galletitas *mignon*	41
Lemon & orange cookies	31

Biscottini, biscuits y crocantes
Almond biscuits	56
Barritas de miel y almendras	58
Biscotti toscani	47
Biscottini a la almendra	48
Biscottini de *cioccolato*	49
Biscottini de chocolate blanco y nueces	50
Biscottini de damascos y castañas	51
Biscottini de membrillo y nueces	52
Biscottini de naranja y almendras	53
Biscottini de nueces y frutas	54
Biscottini de *praliné*	55
Biscottini *di prato*	56
Biscuits de avena y sésamo	57

Crocantes de castañas de Cajú 57
Deditos de almendras y miel 59
Triángulos de dátiles y germen de trigo 60

BOLLITOS, MUFFINS Y SCONES
Bollitos sin levadura 64
Hot cross buns 63
Muffins de amapola con frambuesas 65
Muffins de arándanos o frambuesas 66
Muffins de avellanas y ciruelas 68
Muffins de frutillas y salvado 69
Muffins de harina integral 68
Muffins de jamón y queso 70
Muffins de tomate y queso 71
Muffins diferentes con arándanos 67
Scones de harina integral 73
Scones de naranja y amapola 72
Scones de queso 74

BUDINES
Budín con chocolate Toblerone 78
Budín con membrillos 87
Budín de banana y chocolate 79
Budín de cacao y yogur 80
Budín de ciruelas 82
Budín de limón 83
Budín de yogur y pasas de uva 81
Budín de zanahorias y almendras 84
Budín de zapallo y pasas de uva 85
Budín especial de tía Gilda 77
Budín o *muffins* con *chips* de chocolate 86
Budín *streusel* con amapola 88
Christmas tree 90
Kouglof 89

TORTAS
Chocolate torta 103
Mousse de limón 113
Torta a las dos manzanas 105
Torta alemana de duraznos 104
Torta de almendras 98
Torta de Año Nuevo 116
Torta de coco y dulce de leche 95
Torta de chocolate 99
Torta de chocolate bien italiana 102
Torta de chocolate hiperliviana 100
Torta de *frangipane* y peras 107
Torta de peras 106
Torta del Día de la Madre 112
Torta espectacular 97

Torta galesa ... **93**
Torta invertida de cerezas y chocolate ... **110**
Torta invertida de duraznos ... **109**
Torta invertida de frambuesas y chocolate blanco ... **111**
Torta invertida de peras y nueces ... **108**
Torta mágica ... **96**
Torta *mousse* de chocolate ... **101**
Torta rápida de ciruelas ... **94**
Torta *soufflé* de chocolate ... **114**
Vuelta del bosque ... **115**

CHEESECAKES
Cheesecake capucino ... **119**
Cheesecake con ciruelas glaseadas ... **120**
Cheesecake de chocolate blanco ... **123**
Cheesecake de limón y almendras ... **122**
Cheesecake de naranja ... **121**
Gâteau de chocolate amargo ... **124**
Gâteau de queso y chocolate a la naranja ... **125**
Torta de ricota ... **126**
Torta napolitana de ricota ... **127**
Torta *soufflé* de ricota y limón ... **128**

PANES, FOCACCIAS Y TRENZAS
Country pumpernickel ... **134**
Focaccia con aceitunas ... **138**
Focaccia con *échalotes* ... **136**
Focaccia con nueces ... **139**
Focaccia con panceta y romero ... **137**
Focaccia con uvas ... **140**
Pan de aceitunas ... **131**
Pan con *chips* de chocolate ... **141**
Pan de campo con tres quesos ... **132**
Pan de cereales y nueces ... **133**
Pan dulce *frangipane* ... **142**
Pumpernickel con corazón de queso ... **135**
Trenza de Pascua ... **143**
Trenza rellena con grosellas ... **144**

MASAS BÁSICAS
Bizcochuelo ... **149**
Falso hojaldre ... **148**
Hojaldre rápido ... **148**
Masa con aceite ... **150**
Masa con aceite de oliva ... **150**
Masa con crema ... **149**
Masa de hojaldre ... **147**
Masa para *strudel* ... **153**
Masa *phylo* ... **154**
Pâte brisée ... **151**

Pâte sablée 152
Pâte sablée con crema 152
Pâte sucrée 151

Hojaldre
Croissants y *pain au chocolat* 158
Cuadraditos con tomates secos y *mozzarella* 162
Palmeritas 159
Pithiviers 157
Roulée de espinaca y champiñones 164
Tarta de hojaldre con peras 160
Tirabuzones de queso 163
Torta de peras y hojaldre 161

Strudels
Strudel de chocolate 167
Strudel de espinaca 173
Strudel de membrillo y nueces 168
Strudel de nueces y miel 169
Strudel de peras 171
Strudel de queso y cebolla 174
Strudel de ricota y frambuesas 170
Strudel primavera 172

Bocados y bocaditos
Canapés con mini cebollitas 181
Canapés de espárragos, jamón y queso 182
Canapés de jamón crudo y camembert 183
Knishes 180
Mini *quiches* de verduras en panceta 184
Pañuelitos de choclo y puerros 178
Tarteletitas con berenjenas y tomatines 177
Triángulos de cuatro quesos 179

Tartas y pies
Apple pie con masa de queso 198
Chocolate *chess pie* 199
Linzer diferente 195
Mini tartas de frambuesas 196
Pascualina de alcauciles 209
Pastafrola diferente Perica 197
Peach pie 200
Pie de castañas 205
Pie de chocolate y nueces 202
Pie de frutas secas 201
Pie de nueces con Kahlúa y *chips* de chocolate 203
Pie de nueces y manzanas 204
Pie enrejado de cerezas 206
Quiche con salmón ahumado 207
Tarta acaramelada de cebolla y calabaza 210

Tarta de calabaza o zapallo japonés **211**
Tarta de calabaza y choclo **212**
Tarta de centolla **213**
Tarta de endibias **214**
Tarta de espárragos **215**
Tarta de *girgolas*, champiñones y puerros **216**
Tarta de manzanas *delikatessen* **188**
Tarta de manzanas o dátiles o ciruelas **189**
Tarta de miel **187**
Tarta de naranja acaramelada **190**
Tarta de papas y abadejo **218**
Tarta de peras genovesa **191**
Tarta de pescado y queso **219**
Tarta de pollo y champiñones **217**
Tarta de puerros y jamón crudo **220**
Tarta de puerros, papas y queso **221**
Tarta de repollitos y panceta **225**
Tarta de tomatines, *mozzarella* y albahaca **222**
Tarta de tres perfumes **192**
Tarta de *zucchini* y zapallitos **224**
Tarta flan de duraznos **193**
Tarta Linzer con estrellas **194**
Tarta pizza vegetariana **223**
Tarta *soufflé* de coliflor **226**
Verdadera pascualina **208**

Terrines
Terrine arrollada de vegetales y *mozzarella* **229**
Terrine de brócoli y panceta **230**
Terrine de champiñones y *ciboulette* **231**
Terrine de puerros a la crema **232**
Terrine de salmón **236**
Terrine de verano **233**
Terrine tricolor de pescado **235**
Terrine tricolor de vegetales **234**

Postres
Crema inglesa **239**
Crema pastelera o *patisserie* **239**
Crème caramel de limón **240**
Charlotte de ciruelas y manzanas **242**
Dacquoise de frutas secas **244**
Flan de ciruelas **241**
Gâteau de manzanas flameado **243**
Millefeuilles Suzette **245**
Pudding con chocolate **250**
Soufflé de manzanas **247**
Streusel de ciruelas con almendras y avellanas **248**
Streusel de manzanas, pasas y ciruelas **249**
Timbal de cerezas **246**